知らないと損する

# 経済とおかねの超基本1年生

おとなの学習参考書

Ultra basic economics and money for freshman

大江英樹

JN182707

東洋経済新報社

# はじめに

この本の目的は、ズバリ

**人生において大きな損をしないために経済のしくみを正しく知ろう！**

ということです。

本書には、「経済の基本を知れば、いかに損をせずにすむか」ということが、身近な事例をあげてたくさん書かれています。本当はかなりレベルの高い話なのですが、きわめてやさしく〝わかりやすいにもホドがある〟をコンセプトに解説しています。

それは、経済用語の知識を得ることだけではなく、その裏側にある考え方を知ってもらうことが目的だからです。

私は証券会社で仕事をしていた38年間、3万人以上のお客様に相談やセミナーを通じてお金のアドバイスをしてきました。さらに、「経済とおかね」に関する授業をコンテンツの制作から手がけ、そこで学ばれた方はのべ40万人以上にのぼります。

独立した現在も、年間100回を超える講演をこなしていますが、さまざまな方から「これ以上ないくらい、わかりやすい」というありがたいお声を頂戴しています。

また、ファイナンシャル・プランナー（FP）のように資産管理や家計の専門家と言われる人たちからは、「こんな風に話をすればお客さんに伝わるのだということがわかった。自分の仕事の参考にしたい」というお言葉もいただいています。

経済は決して難しいものではありません。経済を理屈ではなく、ビジネスの現場で体験してきた私だからこそ、そう言い切れるのです。

経済やお金のことがよくわからないまま、今日まで来てしまった、という方も、もう一度おさらいしてみたいという方にも、面白く読んでいただけたら幸いです。

この本を読んだ後、みなさんはきっと、〝**ある感覚**〟を得るに違いありません。それは読んだ後のお楽しみです。

CONTENTS

知らないと損する
経済とおかねの超基本1年生

PROLOGUE

## あなたが損をしない人生ための「経済とおかね」の話



LESSON 1

消費

## お金を使えば給料は増える

CONTENTS

LESSON 2

## 投資

## お金を増やすしくみ

LESSON 3

# お金の流れを知る

金融



LESSON 4

CONTENTS

貿易

## モノやお金を交換する



LESSON 5

財政

## 国家が破たんするとき



CONTENTS

EPILOGUE

## あなたが人生で損をしないためのポイント

PROLOGUE

# あなたが人生で損をしないための「経済とおかね」の話

THEMA

# 1

# 経済学の目的は、みんなのしあわせ

## 経済学部出身でない経済評論家がいるのはなぜ？

「経済」という言葉を聞いて、どことなく〝難しい〟、〝とっつきにくい〟というイメージが浮かぶ方は多いでしょう。

以前、日本経済新聞には「やさしい経済学」という名前のちっともやさしくないコラムもありました。

ところが面白いことに、世の中で経済をメシのたねにしている人たち、たとえば経済評論家をはじめ、エコノミストやアナリストと言われる、経済の予測や評論を仕事としている人たちは全部が全部、経済学部出身というわけではありません。

これが他の分野であればそういうことはあまりないでしょう。メーカーなどで研究開発部門にいる人はほぼ例外なく、理学部や工学部といった理系の出身でしょうし、お医者さんであれば医学部の出身です。

ところが経済については、大学などで専門的に経済学を学んできた人以外でも立派に経済を語ることを仕事にしています。

## なぁーんだ、そういうことだったのか！

これは、経済学が対象とするものが、私たちの生活そのものだからです。

**貯蓄**＝ためる、**消費**＝つかう、**投資**＝まわす、**労働**＝はたらく……。

私たちが日常生活でおこなっていることは、ほとんどが経済活動と言い換えることができますが、家庭から、会社、地方自治体、国に至るまで、目的を持って活動するものは何でも経済主体になり得ます。

用語解説

**経済主体**《けいざいしゅたい》

経済活動をおこなう基本単位のこと

こうした経済主体同士は時に利害の反する場合が出てきます。たとえば、もしあなたが、晩ごはんのおかずを買いにスーパーへ行ったとします。そこでは、新鮮な美味しいおかずをできるだけ安い値段で買いたいと思うはずです。

一方の経済主体であるスーパーマーケットは、買ってもらえる範囲で、できるだけ高く売りたい。このように利害が相反するのであれば、何らかの交渉が必要になってきます。買い手側からすれば〝高ければ買わない〟という行動がとれます。そうなると売り手側は価格を引き下げざるを得ませんし、欲しいという買い手がたくさん現れれば、売り手は多少値段を高くしても売れるようになります。

このように、価格は目に見えない調整機能が働いて決まっていきます。買い手や売り手の行動によって次第に値段が落ち着くべきところに着地する状態を経済学では「需給均衡」と表現します。

用語解説

**需給均衡《じゅきゅうきんこう》**

需要（買いたい）と供給（売りたい）が一致する状態のこと

世の中はこうした経済主体が複雑に絡み合っており、それらをうまく解決するにはどうすればいいかという試みが常におこなわれています。

本書ではそうした問題を理解しやすくするために、専門的な経済用語はほとんど使わず、経済の原理原則がわかるようになることを試みました。

それでは、経済のことを考える旅に出ることにしましょう！

## 限られた資源？

経済は、私たちの生活そのものだということは言いましたが、ではその経済を研究する「経済学」というのはどういうものなのでしょうか。

私が考える経済学の定義は、「社会において、限られた資源を有効に活用することで、人々がしあわせになるにはどうすればよいかを研究する学問」です。ここで重要なキーワードは〝**限られた資源**〟と〝**しあわせになる**〟です。

〝限られた資源〟というと、石油とか希少金属などを想像しがちですが、およそ世の中にあるものは〝空気〟以外はすべて有限なもの、限られた資源だと言えます。

最も限られた資源は何か、というと、それは「時間」です。時間は1日24時間しかありません。時間の概念は経済学ではとても重要です。なぜなら時間というのはしばしばお金に換算することができるからです。

ここでお金のことが出てきましたが、当然この「お金」も〝限られた資源〟です。どんなにお金持ちでも無尽蔵にお金を持っているわけではありませんし、際限なく使えるわけでもありません。また、どんなことに、いくらぐらいお金を使うのがいいだろうか、ということは何も個人がお金の使い方を考える時だけの問題ではありません。企業がどう使えば一番利益が上がるかを考えたり、そのお金をどうすれば一番効率よく増やすことができるかを考えるのも限られた資源の使い方です。

## 人間の〝模型〟を作ってみよう

では次のキーワード、〝しあわせになる〟ということを考えてみましょう。何がしあわせなのかは人によっても違いますから、その定義を一概に決めつけることはできません。ただ、誰にとっても共通する「しあわせなこと」は〝満足している〟状態になることだろうと思います。

経済学では〝満足すること〟を「効用《こうよう》」と言います。経済学のテキストに出てくる「効用の最大化」という言葉は「満足が一番大きくなるようにする」ということです。

用語解説

**効用《こうよう》**
「満足」や「幸福感」のこと

さらに、その利益を得るためにどれぐらいの費用（＝手間と労力）がかかるかということを考えることも大切です。言うまでもなく「できるだけ少ない費用で大きな利益が得られる」のが理想であり、これを考えるのが経済学だと言って良いでしょう。

経済学では「人間とはこういうものだ」というモデル（＝模型）を作ります。そこでは人間というのは、**しあわせ＝満足＝利益**と考えるものだと定義し、このため人間は誰でも自分の利益が最も大きくなるように合理的な行動をするという前提で考えます。

これは18世紀の頃から現在まで続く経済学の大前提です。アダム・スミスは、「誰もが自分の利益を追い求めて利己的に行動することで、〝見えざる手〟に導かれて世の中全体が良い方向に向かう」と言っています。

**アダム・スミス**（1723—1790）

イギリスの経済学者で「経済学の父」と呼ばれる。代表作『国富論』が、近代の経済学の始まりと言われている

用語解説

**見《み》えざる手《て》**

アダム・スミスが『国富論』で述べた考え方で、各個人が自分の利益を求めて行動することが結果として社会全体の利益をもたらすというもの

つまり、「人は誰も自分がしあわせになるために利己的に、合理的に行動する」ということなのです。経済学が冷たいとか無機質だと感じるのはどうやらこのあたりに理由があるような気がします。

## でもやっぱり人間は模型とは違う

では、人間は本当に誰もが自分の利益を最大化するため、合理的な行動をとるのでしょうか。どうもいろいろ見ていると、必ずしもそうではないような気がします。たとえば東日本大震災の時、多くの人は自分の仕事をなげうってボランティアに出かけました。

自分が仕事で得られる収入を捨ててでも他人のために働くということですから、これは経済的には合理的な行動とは言えません。

最近の経済学では人間は必ずしも利己的であったり合理的だったりするばかりではなく、このような利他的な行動をとることもあるということが研究されてきました。すなわち〝**勘定**〟で動くのではなく〝**感情**〟で動く部分が大きいということです。

THEMA 2

# 恋も就職も買い物も……

## 人生は〝選択〟の連続

経済の目的はみんながしあわせになること。

そしてそのためには世の中のありとあらゆる限られた資源をいかに有効に使うかということが大切だということを説明しました。

でも〝有効に使う〟って一体どういうことなのでしょう。これだけでは抽象的でわかりにくい気がします。経済学では「最適化」という言葉を使いますが、世の中全体から見てどこにどれくらいお金や労力を投入すれば社会全体にとって一番良いか、を考えることだと思ってください。

用語解説

**最適化《さいてきか》**
ある特定の条件の下に目的とする最良の結果を導き出すこと。たとえば収入を最大化するとか支出を最小化するといったようなこと

では、私たちは一体何をすればいいかというと、これはとても単純です。生活をしていく上で、あるいは人生で何かを決断しなければならない時にどれを選べば自分にとって一番いいかを考えればいいのです。

考えてみると、私たちの人生は選択の連続です。お昼には何を食べようか、今日の仕事は何を優先しようかなど、次から次へと決めなければならないことが出てきます。

そして、ひょっとしたら「結婚」というのが人生における最大の選択かもしれません。結婚するということは世の中にゴマンといる異性の中から全ての可能性を捨てて、たった一人の相手を人生のパートナーとして選ぶということなのですから。

企業としての経営戦略も多くの場合、複数の選択肢の中から決定することになります。投資や資産運用においても「何を買うか」、「いつ買うか」、「いつ売るか」など、決めなければならないことがたくさんあります。

経済学はこうした**「選択」**をするにあたって、どうすれば一番良い結果になるかを考えることから出発しています。

社会全体が良くなるために、自分個人がどういう選択をすればしあわせになれるかということを考えることは、とても大切です。

## 〝損をしたくない〟と思う気持ちが〝損を呼び込む〟

何かを選ぶためには基準が必要です。その基準がどんなものかは人それぞれですから一概には言えませんが、唯一共通することがあります。それは**「満足感」**が高まるものを選ぶということです。

満足感は〝金銭的〟、〝精神的〟に何らかの利益を得ることによって高まります。逆に損をすると満足感は下がります。やっかいなことに人間は誰もがこの〝損〟をすることを異常に嫌います。もちろん損することが好きな人など誰もいませんが、問題は〝異常に嫌い〟ということです。

心理学の実験によれば同じ金額で比べた場合、損をした時の痛みの大きさは得をした時の喜びの大きさの2〜2・5倍だそうです。これは不思議な現象です。

金額が同じであれば、喜びと悲しみの大きさ自体は同じはずです。ところが10万円得する喜びと10万円損する悲しみとでは、損の悲しみの方がはるかに大きいというのです。

このため、何かを選ぶ時に、あまりにも**「損をしたくない」という気持ちが強すぎてかえって間違った判断をしてしまい、結果としては損をしてしまう**ということが世の中にはたくさんあります。

こうした「選択を間違えさせる、選択の邪魔をする」ものが世の中にはあふれています。それを意識的に遠ざけるのに必要なのは、この2点につきます。

**1　経済の基本的な知識を身に付けること**

**2　誰もが陥りがちな心理的な罠にはまらないようにすること**

世の中で言われていることや信じられていることの中には、間違った情報もあります。この本では、経済の基礎知識を学ぶとともに、そうした間違った理解についてもただしていきます。

また、行動経済学の観点から、誰もが気が付いていない**心のクセ**を知ることで間違った選択による損を防ぐようにすることができるようにしたいと思っています。

行動経済学というのは経済学に心理学や社会学の要素を取り入れたもので、従来の経済学に加えてより人間の感情に焦点をあてたものです。

経済学はお金のことだけを考えた無味乾燥なものではなく、人間の生活や心にも深い関係があります。本書はそうした心の面からも考えて、経済を知ることで、どうすれば人生を良い方向に導いていけるかについてお話ししていきます。

THEMA 3

# それをしなかったら、いくら儲かったか

## ひょっとして〝捨てたモノ〟の中にいいのがあった？

経済学は「選択」を考える学問だということをお話ししましたが、選択するにあたって、おさえておくべき原理原則について考えてみましょう。

「そんな難しいことなんか必要ないよ。自分がやりたいことや好きなものを選べばいいんじゃないの？」

多くの人はそう思うでしょう。ところが何かを選んでも後になって後悔するということが往々にしてあります。それは一体どうしてなのでしょう。

選択というのは何かを選ぶことですが、何かを選ぶということは他の選択肢を捨てるということになります。ひょっとしたら捨てたものの中に自分が選んだものよりももっと良いものがあるかもしれません。

そこで「選択」をする時には、他にもっと良い選択肢がないかどうかを考えることが必要になってきます。さらに複数の選択肢があってその一つを選んだ場合、もし仮に選ばなかったほうの選択肢を選んでいたとしたらどうなっていただろうか、どちらの方が自分にとって利益になったのだろうか、と考えることが必要なのです。

これを経済学では「機会費用」と言います。

用語解説

**機会費用《きかいひよう》**
あることをおこなう場合に、もしそれをせずに他のことをしていれば、代わりに一体どれぐらいの利益が得られたであろうかということ

## 「機会費用」? なんだか難しい……

具体的な例でお話ししましょう。「大学へ行くことの機会費用」とは一体どういうことでしょうか。それはもし仮に大学へ行かずに働くとすれば同じ四年間で一体どれぐらいの

収入を得られるのか、それが大学へ行くことの「機会費用」です。

大学へ行くことのコストは授業料や教材費などですが、これに加えて機会費用、つまり大学へ行ったことによって、**捨ててしまう金額**も考える必要があるのです。

今日は100円引きだからという理由でラーメン店に1時間も並ぶという行為は何も仕事をしていない人にとっては、機会費用が小さいので意味があるかもしれませんが、会社の社長のような人にとっては大いなる損失になります。経済的な観点だけを考えるなら、社長の収入を時給換算すると行列に並ぶ意味は全くないことはすぐわかります。

このように経済合理的に選択をしようとする場合には「機会費用」という概念が大切なのですが、実際には意思決定にあたってこの機会費用が考えられるということはあまりありません。

## 晩婚化の原因は「機会費用」の増大だった！

この「機会費用」を使った判断は、私たちの生活の中に入り込んできています。具体的な例が「晩婚化」です。

最近は結婚しない男女が増えています。生涯未婚率（50歳時点で結婚したことがない人）は女性で約10%、男性の場合は約20%と言いますから、男性の5人に1人は50歳まで独身ということになります。

2011年3月に発表された内閣府の調査によれば「一生結婚するつもりはない」と考えている人は男性全体で9・4%、女性では6・8%です。1992年の調査ではこの数字は男性4・9%、女性5・2%でしたから、この20年ほどの間に男性で約2倍、女性も1・3倍強と、増加しています。私はこの背景として「機会費用」が変化しつつあるということが言えるのではないかと思っています。

結婚することの機会費用とは、独身で居続ける場合に得られる利益がどれくらいあるか、を考えることです。

昔は結婚というのはある種の**価値交換的な部分**がありました。男性が外で稼いで生活の保証をする代わりに女性は家事全般を担当する、といった具合です。男性にとってみると一人でずっと生活して面倒な家事を続けていくよりも結婚して奥さんに家事をやってもらう価値の方が大きいと考えた人が多かったと思います。

女性にしても今よりも賃金の男女差別が大きかったですから、自分が稼ぎ続けるよりも家庭で労働力を提供する代わりにもっと高い報酬を得るパートナーを獲得する利益の方が大きかったのでしょう。

男女ともに、結婚することによって得られる価値の方が独身で居続ける価値よりも高いと考える人が多かったということです。

ところが最近では結婚することで得られるものよりも失われるもののほうが大きいと感じる人が増えてきたようです。一人でいる気楽で快適な環境を失いたくない、つまり結婚することの機会費用は大きいと考える人が多くなったということです。

スーパーやコンビニでは個食に合った商品の提供が増えており、昔に比べると一人でいることによる不便さを感じなくなっているということも拍車をかけているのかもしれません。

このように**何かを選ぶ上で必ず考えるべきコストが「機会費用」**なのですが、逆に絶対に考えてはいけないコストがあります。それが次にお話しする「サンクコスト」です。

THEMA 4

# こだわると失敗する

## つまらない映画でもなかなか席を立てない

あなたはこんな経験をしたことがありませんか。

話題の映画を見ようと映画館に入って見始めました。ところが期待に反して、あまり面白くない内容だったのです。映画というのはミステリーのように最後まで結末がわからないものはともかく、普通の映画であれば始まって30分もすれば面白い映画か、そうでないかの判断はつきます。

「あー、失敗しちゃったなあ。でもせっかく入ったのだから見るか」といって最後まで映画館でつまらない映画を見てしまう。入場料を払っているのだから途中で観るのをやめるのはもったいないという気持ちがそうさせるのでしょう。

でもよく考えてみてください。途中で映画館を出ようが、最後まで観ようが、払った入場料は戻ってきません。

仮に2時間の映画だとすれば、30分まで観たところで、つまらないと思った場合、もし最後まで観続けると無駄な時間を過ごしてしまうのに対して、その時点で外に出てしまうと残りの1時間半は他の楽しいことに有効に使えるはずです。

この場合の「入場料」のようにすでに払ってしまっていて、もう元には戻らないお金のことを経済学では「サンクコスト」と言います。サンクというのはsink＝「沈む」の過去分詞で日本語に訳すと「埋没費用」となります。既に使ってしまっているために費用としては埋没してしまっていて返ってこないということを表しています。

用語解説

**サンクコスト**
すでに費やしていてもう戻ってこない費用のこと

世の中にはこういったサンクコストがたくさんあります。

## コンコルドの誤謬

かつて1970年代にイギリスとフランスが共同開発した超音速ジェット旅客機で「コ

ンコルド」というのがありました。音の速さの2倍で飛ぶという超高速で大西洋をわずか3時間程度で横断するという夢の旅客機だったのです。

ところが開発に莫大な費用がかかるとともに、さまざまな理由から航空各社からも発注のキャンセルが相次ぎ、結局普及しないまま、膨大な赤字とともに2003年に就航を終えて世の中から姿を消しました。

実はコンコルドについては開発の途中から就航後に想定されるさまざまな懸念がわかっており、途中で開発を中止すべきかどうかという議論もおこなわれたようです。ところが、「今ここで開発を中止したら、**それまでにかかった莫大な費用が無駄になる**」という主張によってそのままズルズルと開発が続けられていったのです。

結果として途中から懸念したことが全て的中し、最後は就航終了という事態で膨大な赤字だけが残ってしまったのです。これは「コンコルドの誤謬」といって、サンクコストの説明をする時にいつも例としてあげられる話です。

公共工事もその例と言って良いでしょう。公共工事というものは、その有効性や今後の利用頻度から導き出される収益性を考えた上で着手するかどうかを判断しなければならないはずです。

しかし、いったん始めてしまうと、工事をストップすることはできません。結局、使われない道路や施設がたくさんできてしまっているということはご存知のとおりです。

## 私たちの身近にもある「サンクコストの呪縛」

社内プロジェクトは、社内メンバーだけではなく、外部のコンサルティング会社を入れておこなう場合があります。しかし往々にしてこうしたプロジェクトは、延々と議論だけ続けて立派な報告書はできるものの、うまくいかないケースも多いものです。それは自分たちが何をどうやりたいかが明確になっていないためです。

もしうまくいかないということがはっきりすれば、その段階で、無駄な時間と労力を使わないよう、プロジェクトを中止すればいいのですが、なかなかそうはいきません。なぜならすでに高いコンサル料を払ってしまっているからです。

また社長や役員の肝入りでコンサル会社を導入した場合も多いので、中止にするということは言いづらいという、きわめてサラリーマン的な事情もあります。

かくして膨大なコストと労力をかけて無用の改革案が出来上がるということはありがちです。

〝何かを選ぶ〟という意思決定をする時に、必ず考えなければならないのが「機会費用」であり、考えてはいけないのが「サンクコスト」であるということを忘れないでください。多くの人はこの逆をやるから失敗するのです。

LESSON

# 1

# お金を使えば給料は増える

消費

LESSON1

THEMA

# 1

# モノの値段はみんなが決めている

## みんなが使うけど、よくわからない〝景気〟という言葉

世の中の経済の状態を表す時に、景気が良いとか悪いとかいう言葉をよく使います。普段何気なく使っていますが、この景気というのは、一体何なのでしょうか。

もともと我が国においては**「景気」**という言葉は和歌の世界で使われていたようで、景色や情景、雰囲気などを表すと言われています。

それも単に客観的に風景等を描写するのではなく、その歌の作者が自分の情感や思いを込めて感じたことを表すということだそうです。

よく景気は〝気〟が大事だということが言われます。〝気〟は気分の気です。すなわち

これから世の中の経済が良くなっていくという人々の期待感や気持ちが景気の良し悪しに大きな影響を与えるということですが、これなどは元来の景気という言葉の意味からきているとも考えてもいいのでしょう。**ちなみに英語で「景気」という言葉は見当たりません**ので、日本特有の表現のようです。

たしかに、景気には人々の心理が影響を与えることは事実ですが、単に気分の問題という情緒的な表現だけではなく、経済学においてはその状況を数字で表す必要があります。

我々が普通、景気が良いというと、〝儲かっている〟とか、〝金回りがよくなった〟という状態を指すことが多いのですが、これはあくまでも個人での話です。景気を考える場合、やはり一つの国全体の経済状況を見ていかなければなりません。

世の中の経済状況を示す指標はたくさんありますが、一番基本になるのはGDP(Gross Domestic Product:国内総生産)といわれるものです。

用語解説

**GDP**《ジーディーピー》

「ある年に一国全体で生み出される付加価値の合計」のこと

## GDPとは

具体的な例でわかりやすく考えてみましょう。たとえば、あなたの家の近くにあるケーキ屋さんで100万円の売り上げがあったとします。

そのケーキ屋さんが、ケーキを作るために、牛乳や卵や小麦粉等を仕入れた合計が20万円だったと仮定しましょう。この場合、売り上げの100万円から仕入れ額の20万円を引いた80万円がこのケーキ屋さんの利益（正確には粗利益）です。

用語解説

**粗利益《あらりえき》**
売り上げから生産にかかる原価を引いたもの。人件費や販売経費等はこの粗利益から引く

20万円の値打ちがあった原材料を、パティシエの腕と技術で美味しいケーキを作り上げることで100万円の価値まで引き上げたということですから、この差額の80万円はこのケーキ屋さんが新たに生み出した価値ということになります。

このように新たに生み出された価値のことを付加価値といいます。

## 付加価値＝新たに生み出された価値＝利益

ＧＤＰというのは、このようにしてひとつの国でその年に新しく生み出された価値（＝利益）の合計ということができます。

ただ、ここでいう価値というのは世の中での価値のことです。家でどんなに立派な美味しいケーキを作って、「これは1個1万円の価値がある」と言ってみても、それが世の中で1万円という価値が認められて売れなければ、ＧＤＰ統計には含まれません。

したがって、ＧＤＰの定義をあらためて整理すると次のようになります。

**①その年に新たに生み出された価値（利益）**
**②世の中で価値として認められたもの（取引されたもの）**

## 利益は誰のものか

なぜ、ＧＤＰが景気の指標として大切なのでしょうか。ここでもう少しＧＤＰの意味を掘り下げて考えてみます。先ほど、ケーキ屋さんが生み出した80万円の**付加価値＝利益**というお話をしましたが、この付加価値（＝利益）は一体どこにいくのでしょうか。

おおざっぱに言えば、これはケーキ屋さんのオーナー、パティシエなどの職人さん、店で販売する店員さんたちで山分けすることになります。つまり従業員に対して給料という形で支払われた後、残ったお金がオーナーの手元に入ってきます。

これはケーキ屋さんに限らず日本中でおよそあらゆる商店や企業活動においてそのようにおこなわれています。

別な言い方をすればGDP＝付加価値＝日本国内の全員の所得の合計（国民所得）ということができます。実際には粗利益がすべて所得になるわけではなく、生産のための機械設備の費用や税金なども考慮しないといけませんが、おおざっぱに見て**GDP≒国民全体の所得**、と考えても間違いではありません。

だとすれば、GDPの増減というのは前の年に比べて国民の所得がどれだけ増えたか、あるいは減ったかということを表していると言ってもいいのです。

GDPの増減は直接私たちの収入が増えたか減ったかを表しているということになりますから、景気を実感するためには最も基本になる数字であると言って良いでしょう。

## 日本の景気を支えるのは、あなたの〝買い物〟

GDPの増減が直接私たちの収入に大きな影響を与えるものであるとすれば、どうすればGDPが増えていくのかを考える必要があります。

国の経済活動にはさまざまなものがあります。個人が買い物をすること、企業が製品をつくるための設備をこしらえること、国が道路や橋を作ったりしてインフラの整備をすること、そして海外に製品を輸出すること、などが挙げられます。

この構成比はどこの国でも一律ということではありません。国によって特徴があります。

たとえばアメリカのような高度に消費文化の発達した国では個人が買い物をする「個人消費」の占める比率が高いですが、中国のように全国をつなぐ鉄道や高速道路の建設に力を入れている国では政府の公共投資の割合が高くなるといった具合です。

では日本の場合はどうでしょう。**図1**は、日本のGDPに占める各部門毎の割合を示したグラフです。日本のGDPの中で最も高い比率を占めるのは「個人消費」、6割近くが個人の買い物で占められています。

図01 日本のGDP

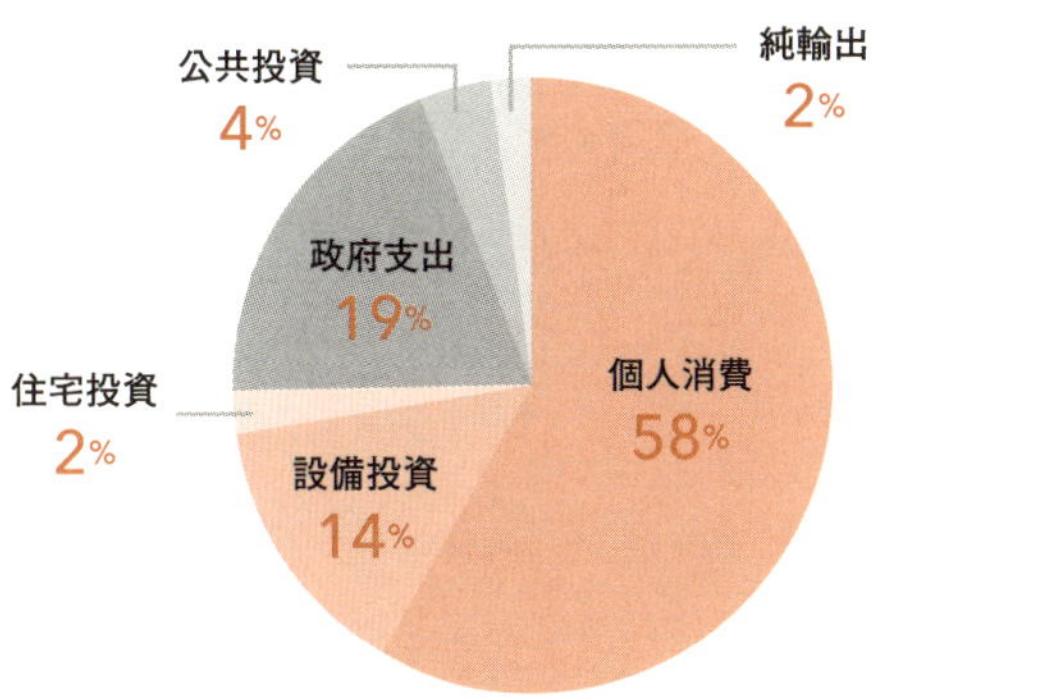


※純輸出の2%は輸出から輸入を引いた割合で、実際の数字は輸出17%、輸入15%
出所：内閣府「国民経済計算」（2014年度）より

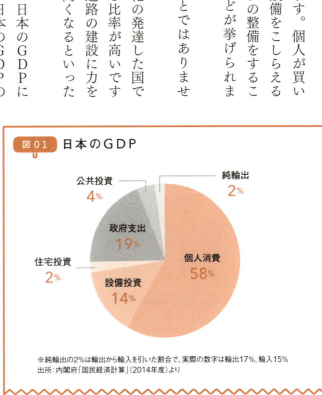

日本は貿易立国だと言われていますが、輸出の数字は17％ぐらいしかありません。この17％という数字も2012年以降は円安の影響で金額ベースではだいぶ比率が高くなってきていますので、数年前はもっと低かったのです。

GDPに占める個人消費の比率が高いということは、日本では買い物にお金を使えば使うほど景気がよくなり、給料も増えるということになります。

このように「消費」というのは一つの国の経済活動の中では非常に重要なウェイトを占めています。そこでこの章ではこの「消費」についてくわしく考えてみます。

## 「買いたい」と「売りたい」のバランスで値段は決まる！

消費するということは「モノ」や「サービス」を買うことです。これらの値段はどうやって決まるのでしょうか。実際にモノの値段が決まるしくみを考えてみましょう。

よく、「価格は需要と供給の関係で決まる」と言いますが、需要というのはわかりやすく言えば買いたいと思う側（消費者）です。

一方、供給というのは売りたいと思う側（販売者側、製造者側）です。買いたい方は安ければ安い方が良いので、価格と買いたい気持ちの関係は**図2**のようになります。

縦軸に価格、横軸に消費者の数をとって書いた図2を**「需要曲線」**と言います。名前の示す通り、実際は曲線ですが、わかりやすくするために、ここでは直線で描いています。上の方に行けばいくほど、価格が高くなるほど、買いたい人の数は減るのがわかります。

逆に販売する側の気持ちは**図3**のようになります。これを**「供給曲線」**といいますが、需要曲線とは形が正反対です。なぜなら販売側は高ければ高いほど売りたいと思う気持ちが強くなるからです。

そして、この二つの曲線が交差する点のことを**需給均衡点**と言い、これが市場で決まる「モノの値段」ということになります（**図4**）。

つまり買いたいと思っている人の値段と、売りたいと思っている人の値段が一致するところというわけです。

これは基本的にどんな取引でも同じです。朝市で農家のおばさんと野菜を買う交渉をするのも、株式市場で株価が決まるのも原理原則はすべて同じです。

デパートやレストランであれば、一見そんな価格交渉はしないように思えますが、商品でも料理でもあまり高すぎるとお客さんは入りませんから、値下げせざるを得ません。

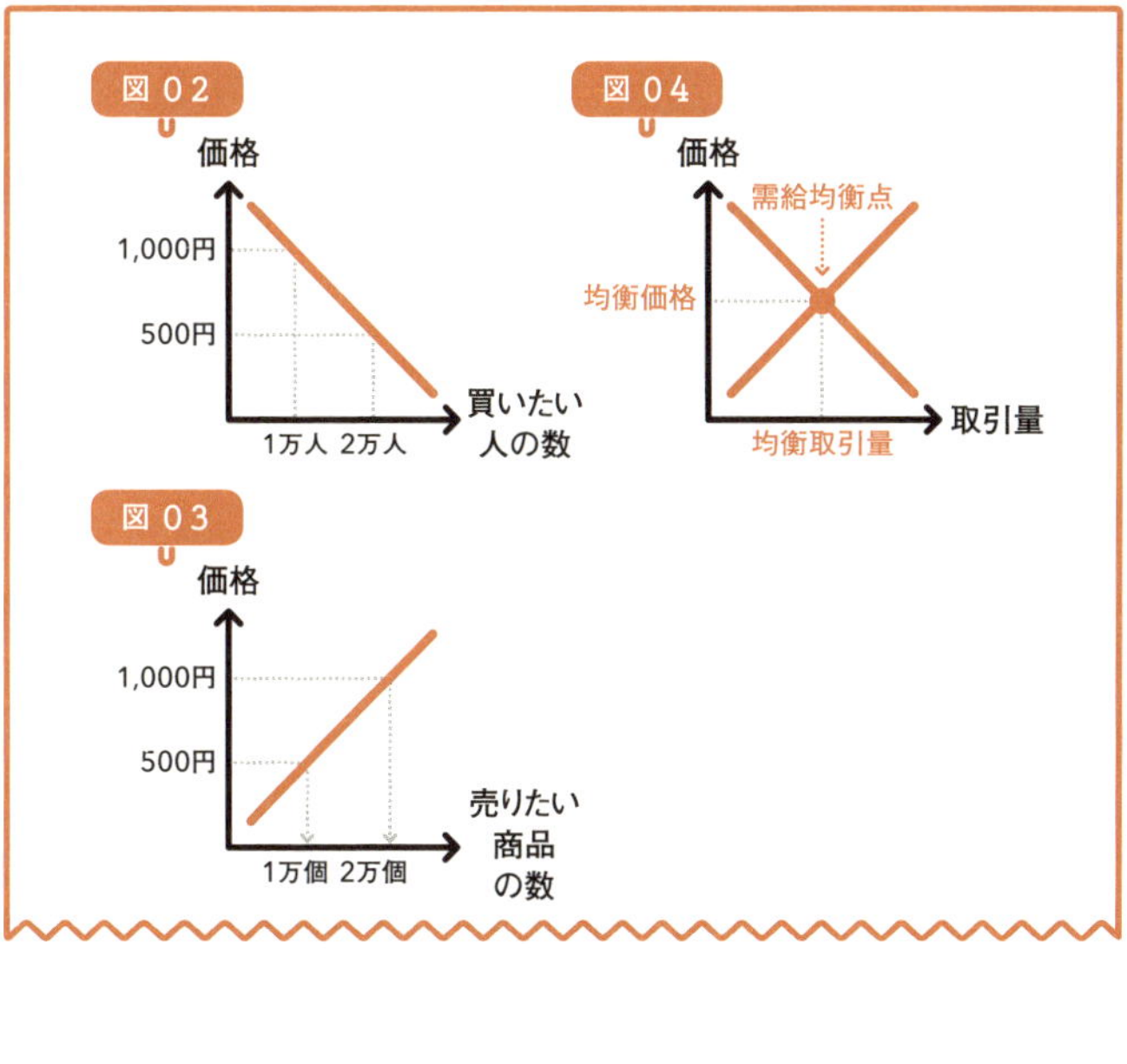

逆に人気商品で買いたい人が殺到すれば、自然に値段は上がっていきます。売り手と買い手が**直接交渉しなくても目に見えないところで価格交渉や価格調整というのはおこなわれている**のです。

これが市場の役割であり、モノの値段はすべて市場で決まるというのはこういうしくみをあらわしています。これはあくまでも自由競争が原則なのですが、もしこの自由競争に政府が何らかの規制をかけたら、一体どういうことになるのかを考えてみましょう。

## 政府が値段を勝手に決めるな！

ある製品に関して、仮に政府が生産者の利益を守るために「これ以上安い値段をつけてはいけない」と規制を設けたとします。すると何が起きるでしょうか。

本来、価格は自由な市場においては、直接・間接を問わず、売り手と買い手の交渉で決定するものです。それを一方的に固定してしまうわけです。価格が変動するのであれば買いたい人は増えたり減ったりしますが、固定されてしまうと、買いたい人の数はほぼ一定数に決まってしまってそれ以上増えなくなります。

一方、売り手の方も価格が固定されると、売り上げが安定するように見えますが必ずしもそうはなりません。一般的に企業は製造コストを引き下げ、儲けを増やすと同時に、できる範囲で価格を下げることで売り上げを増やそうと考えますが、**価格が固定されると、**

**価格戦略がとれなくなるので、ダイナミックに売り上げを増やすことはできません。**

コストの引き下げによってその時はいくらか利益率は上がったとしても継続的な拡大は難しくなってきます。

買う側は価格が固定されてしまったら、海外から輸入されたものなどで安いものを手に入れようとします。ところがこれも政府が輸入自体を禁止したり、関税をかけたりしてしまうと、安く買えなくなるという事態が生じてしまいます。

用語解説

**関税《かんぜい》**
他の国から品物を輸入するさいにその品物にかける税金のこと

これが不要不急の品物、たとえば趣味や嗜好品のようなものであるなら「高ければ買わない」、「使わない」という選択肢もありえますが、食品や日常生活に欠かせないものであれば、そういうわけにはいきません。

具体的には、農産物や電力などがこれに当たります。これらの価格は国が一定の基準を定めてきました。

国民の生活に欠かせないものであるから安定供給のために生産者を保護して価格を維持してきたというのがその理由ですが、競争が存在しない市場が続くと、サービスや製品の質はなかなか向上しないということが起こりやすくなります。

そういった背景から、両方の業界ともに最近は変革が求められてきているのです。

## 最低賃金を引き上げると失業者が増える

もちろん、規制がすべて悪いとは言えません。市場というのは多くの人が参加し、そこにはさまざまな意志が働きますから、短期的には勘違いや間違いが生じることもあります。そんな場合には政府が介入することで一時的に生じた不平等や不均衡から多くの人が不利益を受けないようにすることも大切です。

ただし、そういう介入は一時的なものであるべきで、それが長期にわたって続くと、むしろ弊害の方が多くなります。具体的な例はみなさんが会社からもらう給料です。

会社との雇用契約、すなわち**労働市場も商品が売買される市場**なのです。ここでの商品は**「労働力」**です。ここでは企業が買う側、需要側であり、働く人は供給側すなわち「労働力」を売る側です。人手不足になればパートタイマーの時給も上がってきますし、逆に人が余っている時はなかなか給料も増えません。正社員でも、成長がなければ、採用数自体が増えなくなります。

ここでもし規制によって商品価格が固定されてしまったら、どうなるでしょう。それが「最低賃金規制」と言われるものです。

政府が企業に対して最低賃金を法律で決めてしまうのです。

もし「最低賃金規制」が実施されると、それだけの給料が出せない会社は人を採用できなくなります。これは企業にとっては当然の判断です。そして世の中全体で見れば採用人数の総数が減るということになるのです。さらにもっと恐ろしいことが起こります。

最低賃金以下でもいいから、働きたいという人たちは世の中に必ず一定数います。ところが規制でそれ以下の賃金は設定できませんから、結果としてはこういう人達は働きたくても働けなくなってしまうということになるのです。

働く意思があるのに働けないという状態を**「非自発的失業」**と言いますが、これは単に仕事の選り好みをしているわけではなく、市場の原則を人為的にゆがめてしまったことで起こる、残念な結果と言えるのです。

労働者に良かれと考えて、政府が規制によって最低賃金を引き上げた結果、失業者が増えてしまうという矛盾が起こるわけです。

すべてのモノの値段というのは、原則は市場が決めるというのが一番うまくいくと考えておくべきでしょう。

LESSON1

THEMA

# 2 貯蓄に励むと貧乏になる!?

## 高橋是清、日本のケインズ

明治から昭和の初めにかけて活躍した政治家で、優れた財政家でもあった高橋是清という人がいます。

**高橋是清《たかはしこれきよ》**（1854－1936）
明治〜昭和初期の政治家・財政家。日露戦争時における資金調達を成功させた他、昭和初期の金融恐慌の脱却に手腕を発揮した

日露戦争における戦費調達のためにロンドンで日本の国債を発行したり、昭和恐慌から

の脱却に手腕を振るったりと、日本の金融史においては非常に重要な役割を果たしました。

用語解説
**国債《こくさい》**
国が発行する債券のこと。いわば国が負っている借金の証書

中でも面白いエピソードは、昭和恐慌の時に銀行への取りつけ騒ぎを防ぐため、片面だけ印刷したお札を銀行の店頭に山積みして、預金者に安心させたということです。恐慌になった時にパニックに陥りがちな人間の心理をよく見抜いた素晴らしい機転の利かせ方であったと言えます。

さらに特筆すべきことは、1931年に日本の経済が深刻な不況に陥った時に、それを脱却すべく積極的な財政政策をとったことです。大量の国公債を発行して公共事業や軍事へ投資することで経済を活性化しようとしたのです。

用語解説
**国公債《こっこうさい》**
国だけではなく、地方自治体や政府団体等が発行する債券の総称

その方法は、大量の国債を日銀に引き受けさせることで財政規模を拡大するというもの

で、これによって市場にマネーが供給され、インフレが発生して大不況を脱する原動力となりました。

用語解説

**インフレ**
モノの値段が上昇すること。モノの値段が上がるので、それを買うためのお金の値打ちは相対的に下がる。デフレはその逆

マイルドなインフレを発生させることで、デフレの悪循環による物価・賃金の下落や雇用の減少を止めた彼の政策を**「リフレーション政策」（リフレ）**といいます。

これってどこかに似ていませんか。そうです。

黒田東彦日銀総裁がおこなってきた量的緩和による金融政策とその後に続く財政政策と同じです。こうした柔軟な財政政策から高橋是清は「日本のケインズ」と呼ばれていますが、私はこの言い方には若干抵抗があります。

用語解説

**量的緩和**《りょうてきかんわ》
中央銀行が金利を下げることで金融緩和するのではなく、市中に出回るお金の量を増やすことによって緩和しようとする政策を指す

高橋是清の政策が実行されたのは1931年。イギリスの経済学者ジョン・メイナード・ケインズが『一般理論』を発表した1936年よりも5年も前のことになるからです。

**ジョン・メイナード・ケインズ**（1883－1946）

英国の経済学者。不況期に財政支出政策を重視する考え方で、1920年代の大恐慌に苦しむアメリカにおけるニューディール政策の元になった

用語解説

**『一般理論《いっぱんりろん》』**

ケインズが1936年に発表した『雇用・利子および貨幣の一般理論』のこと（原題：*The General Theory of Employment, Interest and Money*）。「需要によって生産水準が決定され、それによって失業が起こりうる」という考えのもと、経済を改善し、失業を解消するために、政府による財政政策および金融政策などさまざまな面からの政策の必要性を説いた

私はむしろ、ケインズを「英国の高橋是清」と呼びたい気分です。

時代を先取りするかのような高橋是清のリフレ政策で、日本は欧米諸国よりも早く世界恐慌から抜け出すことができたのです。

## 自分にとって良いことでも、世の中のためにはならない

そんな彼の政策を象徴するかのような解説があります。『高橋是清　随想録』という本の中に出てくる話です。そのまま書くと長いので、要点をまとめて紹介します（数字は現代風に修正しています）。

「たとえば年間の生活費が、500万円で暮らしている人がいるとします。この人が節約して生活費を300万円とし、残りの200万円を貯金すれば、それはその人にとってはいいかもしれないが、国全体の経済で見ると、その人が今まで使っていた200万円は消費の需要が減ることになるので生産力は低下します。したがって500万円の生活ができる余裕のある人には500万円で生活してもらった方がいいのです」

これは経済学で難しい言葉を使って表現すると「合成《ごうせい》の誤謬《ごびゅう》」といいます。

用語解説

**合成《ごうせい》の誤謬《ごびゅう》**

一人ひとりの行動は正しくても、それが集まって全体としてみると必ず

しもいい結果をもたらさないということ

たとえば、農家の人が一生懸命作物を育ててたくさん収穫しようと努力します。これは収穫が増えると収入も増えると考えておこなうわけで、それ自体、農家がやっていることは正しい行動です。

ところがすべての農家がそのような行動を取ると、生産過剰となり価格が下がります。結果として農家の方の収入も減少してしまうということが起こります。

**プロローグ―1**「経済学の目的は、みんなのしあわせ」で、一人ひとりが自分の利益が最も大きくなるように行動する、というお話をしましたが、経済においてはみんなが自分の利益を追求しても必ずしも全て良い結果になるわけではないということです。

これは古典的な経済学で言うところの〝見えざる手〟が常に正しく導くとは限らないので、ある程度政府が介入することも必要だという考え方です。

## お茶屋で使ったお金は何倍もの効果になる！

高橋是清はさらにこうも言っています。

「たとえばある人がお茶屋に出かけて行って芸妓さんを呼んで遊んだり、ぜいたくな料理を食べたりして10万円を使ったとしましょう。これは風紀道徳の面から言えば必ずしも好ましい使い方ではないけれど、経済には大きな効果をもたらします。

ここで使われたお金はどのように回っていくかと言えば、食べた料理の代金は料理人の給料となり、料理に使われた食材の代金や運搬費あるいはそれを取り扱った業者の収入になります。

さらには生産した農業者や漁業者の収入にもつながり、そのお金はさらにその人たちの生活費として使われることになります。芸妓さんに渡ったお金は彼女の食費や着物代、化粧品代となります。

もしこの人がお茶屋に行くのをやめて10万円を貯金したとしてもその効果は10万円にしかなりません。ところがこうやってお茶屋で使ったお金は転々としてさまざまな人たちの懐を潤すことになり、十倍、二十倍の効果をもたらすのです。したがって国全体からすればこういう使い方をしてくれた方が好ましいと言えるわけです」

これは経済学の用語で言えば**「乗数効果」**ということをあらわしています。支出や投資を増やすことで、経済全体にはその何倍もの効果をもたらすこととなり、国民所得が増えるということを意味します。

THEMA

# 3 家は買うのが得か、借りるのが得か

## 持家？ 借家？ 永遠の論争

家は買うのが得か、それとも借りる方が得か。

これは結論を言えば、どちらの方が絶対に得ということはありません。これは企業で考えてみればよくわかります。

企業というのは利益を最大化することが目的ですから、どんな場合でも常に最も合理的な意志決定が行われるはずです。

ところが企業によっては自社ビルを所有することにこだわるところもあれば、工場や営業所のみならず本社までもすべて借りているところもあります。

もし絶対買う方が得だというのであれば、企業はすべて自社ビルを持つはずですし、借りる方が得なのであればすべての企業は一切自前で不動産は持たないはずです。にもかかわらずパターンはさまざまです。ということは、買うか借りるか、どちらが得かというのは状況によって異なるために一概には言えないということなのです。

「家は一生のうちで最も大きな買い物だ」ということを言います。**「経済活動の基本はショッピング」**ということからすれば、人生で最大の買い物と言われる家を買うべきか買わざるべきかを考えることは大変重要です。

そこでこの節では、経済学のフレームワークで考えて、どちらにどれぐらいのメリットやデメリットがあるのか、そしてそれを判断するには何を基準にすればいいのか、について考えてみることにしましょう。

## 家を買うのは投資です

「家は人生で最大の買い物」と言いますが、そもそも本当に「買い物」なのでしょうか。私はちょっと違うような気がします。

家を買うという行為は「買い物」ではなくて、実は**「投資」**なのです。買い物ということで言えば、むしろ〝家を借りること〟の方がより買い物に近いと言えるでしょう。一体どういうことか、少しくわしく考えてみましょう。

投資とは、お金を投じて何かを手に入れ、そこから何らかのリターンを得ることを言います。一番わかりやすい株式投資の例で考えてみます。株式投資の大きな目的の一つは値上がりを狙って儲けることですが、株式投資の目的はそれだけではありません。配当をもらったり、株主優待をもらったりすることも株式を持つ目的です。

用語解説

**配当**《はいとう》
株主の重要な権利で、企業が活動して生じた利益の中から株主に分配されるお金のこと

家の場合も同じです。家を買うことで、そこに快適に住むことができるというのが最大のリターンですが、その快適さは人によって基準が違います。

環境の良さであったり交通の便利さであったりと、快適さを感じる要素は人それぞれです。もちろん売ることもできます。その時に値上がりしていれば売却益を得ることもできます。

さらに言えば**家を買うということは思いきりレバレッジをかけた投資をするのと同じ**ことです。なぜなら、仮に頭金1割でローンを組むということは10倍のレバレッジで長期投

資をしたのと同じことになるからです。10倍のレバレッジということであれば為替のFX取引のようなものです。しかもそれを短期にではなくきわめて長期でおこなうのですから、それなりに大きなリスクを抱えることになると言って良いでしょう。

これに対して「家を借りる」という行為の方が、むしろ買い物＝消費であると言えます。一定のお金を払うことで、家に住むという**権利を買う**のと同じだからです。こちらは長期にわたって借金を負うわけではありませんから気は楽ですが、消費である限り需給による影響は避けられません。

家を借りるという消費において「価格」となるのは「家賃」ですが、これは当然市場の影響を受けます。

さらに需給がひっ迫すると品薄状態になり、欲しいものが買えなくなる、すなわち家賃が上がるだけではなく、物件が出回らなくなって家が借りられないということが起きるかもしれません。

## 問題は「誰がリスクを負うのか」

このように家を買うことは投資であり、家を借りることが消費であるということは何となくおわかりいただけたかと思います。この本質を間違えてしまうと将来、大きな失敗をすることになりかねません。

では、持ち家と賃貸、どこが最大の違いなのでしょうか。それは**「リスクを誰が負うのか？」**ということです。持ち家の場合、家の老朽化や事故・災害などのリスクに加え、価格の下落という懸念もリスクです。これらのリスクは当然ながら買った人本人が負うものです。

一方、借りる場合はこういう諸々のリスクは存在しません。仮に震災で家がつぶれたとしても他の家を探せばいいだけです。価格が上がろうが下がろうが、住んでいる人にとっては何の影響もありません。

隣にコワい人が引っ越してきたとしても借家であれば他へ移ることができます。すなわち、家自体に関するリスクは賃貸の場合にはないと言って良いでしょう。

したがって、純粋に経済合理性だけを考えれば、さまざまなリスクを抱えながら長期にわたって金利を払い続けるというギャンブル的な投資よりもできるだけ多くのキャッシュを手元に持ちながら借家に住む方が堅実だと言えるでしょう。

用語解説

**経済合理性《けいざいごうりせい》**
何かの行動の妥当性を判断する場合に、金銭的な価値をその基準とすること

にもかかわらず、一般的には「持ち家信仰」が強いのには理由があります。それはかつ

ての高度成長期にインフレ傾向が続いたことです。

インフレとはお金の値打ちが下がることですから、これによって家や土地の値打ち、すなわち不動産価格が上昇し、借金の金利負担が軽くなるというダブルメリットがあったのです。〝家〟に対する投資は長い間成功する環境にあったということが言えます。

今後どうなるか。それは誰にもわかりません。ただ、当分の間は人口が減少する社会が続くと予想されていることから、かつての高度成長時代のように不動産が上がり続けるということはなかなか考えにくいのではないでしょうか。

もっとも純粋に経済合理性だけで家を買うか、借りるかを決めるわけではありません。個人の人生観もありますし、長い人類の歴史の中で培われてきた〝なわばり本能〟が人間のＤＮＡとしてあるようですから、「自分の城を持ちたい」という気持ちになるのはごく自然なことだろうと思います。

ただ、本能とか不安な気持ちだけで判断すると、長期間にわたってリスクを抱えることになり、思わぬ損につながりかねません。持ち家と賃貸、その本質をよく理解し、自分にとってどうするのが良いかを判断することが必要ということでしょう。

LESSON 1

THEMA

# 4

# 買い物は選択肢が多くない方がいい

## 試食品が少ないほうが売り上げが多い！

買い物で気を付けるべきポイント、それは商品の品ぞろえです。

普通、買い物ではたくさんの品物が揃っているお店の方が楽しいし、良いものを選ぶことができて満足度が高まると思いますよね。

ところが実際にはそうではないようです。米コロンビア大学ビジネススクール教授のシーナ・アイエンガー氏の著書に*The Art of Choosing*（邦題：『選択の科学』）があります。この本は「選択」にまつわるさまざまな心理や行動を分析・研究したもので、経済学において重要な意味を持つ「選択」に関して示唆を与えてくれます。

そんな『選択の科学』の1章には「豊富な選択肢は必ずしも利益にならない」という話があります。彼女によれば〝多すぎる選択肢は、かえって満足度を低下させる〟傾向があると言います。しかも買い物において、多すぎる品揃えは満足度が低下するだけではなく、売り上げを低下させるとも言っています。

本の中のエピソードで、ジャムを売っているお店の話が出てきます。サンフランシスコにある有名な食料品マーケットの中にあるジャムの売り場でおこなった実験です。二つのジャム売り場を設け、一つにはジャムの試食を6種類しか並べず、もう一つの売り場には24種類のジャムの試食を並べました。

6種類の試食が置いてある店には買い物客のうち、40%が試食に立ち寄り、24種類の試食が置いてある店には60%が訪れたそうです。

これだけ見ると品揃えが多い方が客の興味をひいているように見えますが、実際の売り上げでは、なんと6種類しか置いていない店の方が売り上げが10倍も多かったのだそうです。

選択肢が多くなることで満足度が下がったり、購買意欲が低下したりする理由は二つあります。**「情報負荷」**と**「後悔回避」**の心理です。

「情報負荷」＝情報が多すぎる状態におちいると、「人に勧められて不安な気持ちだけど買う」か、あるいは「何も買わない」という行動となりやすく、いずれの場合も満足感は高くなりません。

## 誰でも後悔するのは嫌！

もう一つの問題、「後悔回避」とはどういうことでしょうか。これは文字通り、人は誰もが「何かを選ぶ」にあたって後悔したくないという気持ちが働くことです。

どれだけ自分で調べて自信を持って選んだとしても「本当にこれでよかったのだろうか。自分が選ばなかった中にもっと良いものがあったのではないだろうか」という不安が頭をもたげてくるものです。

選択肢が多かった場合には捨てた選択肢の数も多いわけですから、よけい〝後悔するのでは？〟という不安が大きくなりがちなのです。

自動車や家電製品といった耐久消費財のテレビＣＭの多くは、これから買う人に向けたものではなく、すでに買った人に対して満足感を補強するために放映されている面もある、ということを聞いたことがあります。

消費者の側から見れば、**後悔しないように選ぶためには自分なりの明確な基準を持って対象製品を区分けしていくことが鍵**になるのだと思います。

たとえば、①まずは価格の上限を決める、②そのグループの中でデザインの良いものを選ぶ、あるいは②機能が多くついているものを選ぶ、といった具合です。

自分の基準がしっかりしていれば、「あっちの方がよかったかも」と思う不安な気持ちはあまり出てきません。

逆に販売する側からすれば、**あれもこれもと製品を見せるのではなく、絞り込んで提案する方が「買ってもらいやすい」でしょうし、「買った人の満足度も高まる」**ということに注目すべきです。

消費行動というのは心理的な影響も大きいので、マーケティングにおいては品揃えを多くすれば売れると安易に考えるのではなく、工夫をすることが大切になります。

## 返品ＯＫなのに、誰も返品しないテレビショッピング

心の錯覚はほかにもたくさんあります。たとえばですが、**「保有効果」**と言われるものです。人は誰でも自分が持っているものの値打ちを高く評価したがるという傾向を持っています。

その心理を巧みに使ったのが、通信販売でよくある「2週間以内であれば返品自由」というフレーズです。モノを買う決断をする時は、前項でお話ししたように「後悔回避」の気持ちが働くために本質的に慎重になりがちです。

ところが「返品自由」と言われたとたんに、この慎重さはどこかへ行ってしまいます。「返品自由なのだから、買って気に入らなければ返せばいいや」という気持ちから、注文

をする決断のハードルがぐっと低くなるのです。

実際にこうした通販での返品実績を見てみると普通の通販ではせいぜい2〜3％、テレビショッピングに至ってはほとんどゼロに近いと言います。なぜ返品しないのでしょう。もちろん商品を気に入っているからですが、それに加えて、いったん自分の手にしたものはなかなか手放したくないという心理も働きます。

返品がいつでもできるということになると、売り上げが20〜30％ぐらいは増えることも珍しくないそうです。

つまり売り手は「保有効果」で返品が少なくなることを見越した上で「返品自由」という文言で心の抵抗感を取り除いて売り上げを増やすようにしているということなのです。

LESSON 2

# お金を増やす しくみ

投資

LESSON2

THEMA 1

# 投資で儲けるのは〝不労所得〟か？

## 働くってどういうこと？

私は長年、証券会社で仕事をしてきましたが、その中で数えきれないくらい多くの投資家のみなさんとつきあってきました。

そんな多くの投資家の方が心の奥底で密かに思っているのが「投資で儲けるのは不労所得（働かずに得る収入）だ」ということです。

報酬、所得というのは当然、労働の対価として得られるものです。では〝労働〟というのはどういうことを指すのでしょうか。

工場で生産に従事したり、営業や事務をおこなうサラリーマンであれば、それが労働だと言えます。自営業の人が商店でモノを販売したり、職人さんがモノを作ったりするのも労働であることは言うまでもありません。

では、会社の経営者、社長はどうでしょう？

社長の最も重要な仕事は何かと言えばそれは「判断をすること」です。会社が持っている、ヒト、モノ、カネといった経営資源をどうやって活用すれば一番儲けることができるかということを判断するのが仕事です。だからと言って、経営者は労働していないと言えるのでしょうか。

経営者もまた普通の労働者と同じように必死で仕事をしているのです。

## リスクをとるということ

投資も同じことです。どこに投資をすれば一番利益が出るかを判断してお金を投入する行為です。そう考えると、投資というのは会社で言えば経営者が経営の判断をするのと同じことをやっているわけです。

「額に汗して働く」という言葉があるのなら、**投資は「脳に汗して働くこと」**です。事業家があらゆる事態を想定してリスクを最小化していく中でリターンを最大化しようとするように、投資家はあらゆるデータを調べ、リスクを考えながら自分の投資のリターンが最大になるように行動するからです。投資家はリスクをとっているからリターンが得られているのです。

この**「リスクをとる」**という行為は〝危険を冒す〟という語感があるため、「バクチを打つ」みたいにとらえられている面もありますが、元々の語源はラテン語のRisicare＝勇気を持って試みるという意味だと言われています。

何か事業をする場合は、それが成功するかどうかやってみないとわかりません。だからこそ勇気を持って試みることが大切で、すべての事業やビジネスをおこなう場合にはリスクはつきものなのです。

日本では２０１４年暮れに発売され、話題になったトマ・ピケティの『21世紀の資本』の中にｒ＞ｇという公式が出てきますが、このｒというのは資本収益率、簡単に言えば資産運用から得られる収益のことです。

**トマ・ピケティ**（1971－　）

フランスの経済学者。長期的視点から見た経済的不平等の研究が専門であり、著書『21世紀の資本』は世界中でベストセラーとなった

ピケティ氏はこの資本収益率が常にｇ＝経済成長率を超え、それが格差につながる、ということが主張したかったようですが、これはある意味当然過ぎることです。

ｒ＝資本収益率にはリスクがあるから、その分は高くなって当たり前だからです。

## 世の中にお金をまわす

事業をおこす場合には、お金が必要になります。投資をする、特に株式投資をするということはそのためのお金を供給するということです。

もっとわかりやすく言えば、**投資というのは「今すぐお金を必要としない人」が「今お金を必要としている人」にお金をまわしてあげること**です。当然まわしてもらった方はお礼をしなければなりません。

株式の場合で言えば、出してもらったお金を使って事業をおこない、その結果出た利益を出してくれた人にお礼として渡すということになります。これが**配当**です。

もちろん必ずその事業がうまくいくかどうかわかりませんから、配当というのはあらかじめ決まっているわけではありません。でも企業が成長していけば、当然その見返りとして株主に対してはさまざまな還元がおこなわれていくのは当然です。

株式投資をするというのは短期的な売買によって利ザヤをとるという面もありますが、このようにして企業の成長に資金を供給することで世の中全体の発展に寄与するということも大切な役割なのです。

このように、「リスクをとる」という感覚、「世の中にお金をまわしていく」という考え方は、投資をやったことがない人にはなかなか理解しにくいでしょう。株式投資はバクチのように、相場を当てて利益を手にするという印象で、株式投資自体の意味を正しく理解している人が少ないようです。

たしかに株式相場は、短期的に大きく動くことがあります。そのため、あたかもギャンブルのごとく「うまく当てれば楽をして儲かる」と考えがちなのですが、短期的な相場予測でもって利益を上げ続けるというのはきわめて特殊な才能を持った人にのみ可能なことであり、世の中の大部分の人はそれでうまく利益を上げ続けることは困難です。

株式投資の本質は自分のお金を投じることでその企業の成長、ひいては社会全体の経済成長を支えることです。投資家はそのための資金を自分がリスクを負って提供しているということなのです。当然自分がどの程度のリスクを負うことができるかは真剣に考えなければなりません。

その上でどれぐらいの金額をどの会社へ投資すべきかを考えるのが投資家の役割です。まさに企業の経営者と同じことをやっているのだということを知っておくべきで、投資の利益は不労所得だとは考えない方が良いでしょう。

THEMA 2

# 株式会社に勤めているのに株式のこと知らない

## 株式投資はお金が戻ってくるわけではない

民間企業で働いている人の多くは、株式会社に所属していると思います。なにせ日本の株式会社の数というのは大小合わせて115万社あると言います。ところが、株式会社に勤めていながら、実は株式のことは何も知らないという人は意外と多いのです。

会社での仕事はものを作ったり、売ったり、それを管理したりということなので、おそらく日常業務の中で株式のことに関係があるのは財務部や総務部のごく一部の人たちだけだからです。

そもそも株式というのは一体どういうものなのでしょうか。経済の本には、「出資証券」と書いてあります。もう少し噛み砕いて言えば、何か事業を始める時にお金が必要なので、不特定多数の人からお金を出してもらう。このお金を出す人を**株主**と言います。そしてそのお金を出してもらった証明が**株式**です。

これはお金を貸すのとは根本的に違います。お金を貸すのであれば、返す期日が決まっていますからいずれは返さなければなりません。

ところが株式は基本的には出してもらった人（株主）にお金を返す必要はありません。会社が廃業するのなら別ですが、事業を続けていく限りは返す必要がないのです。

その代わり、利益が出た場合には、株主にその利益を分配しなければなりません（配当）。会社が利益を上げ続けるのであれば、永遠に配当を受け取ることができます。

## お金を返してほしい時はどうすればいい？

一方、何らかの事情で株主がお金を回収したいと思った場合は、誰か他の人に自分の持っている株式を買ってもらうことになります。

株式の売買が行われているところ（証券取引所）で売買されることが認められている株式であれば、自分で探さなくてもその場所に売りたいという注文を出して値段が折り合えば他の人に簡単に買ってもらうことができます。このように売買できるように登録することを「上場する」と言います。

株式というのは、誰かが事業をするにあたってお金を出してあげることであり、その株式を持っていて、会社が利益を上げ続けてくれれば配当がもらえるというしくみなのです。でもうまくいかなければどうなるのでしょうか。

赤字になれば当然、配当金は出ないでしょう。もし会社が倒産してしまったら！　会社が負った借金も全部株主が負担しなければならないのでしょうか。

そんなことはありません。**株主は会社がどれだけ損をして借金を背負ったとしても自分が出したお金以上に損をすることはない**のです。実はこれが株式の最大のメリットといえるのです。

## 利益は無限で損失は限定

株式会社のルーツは17世紀の東インド会社だというのは歴史で習った人も多いでしょう。ここでは歴史の教科書ではなく、当時のオランダ商人になった気持ちで株式会社のしくみがどうやって出来上がったか考えてみましょう。

大航海時代、イギリスやオランダの商人たちは船を作って東洋に向けて航海し、珍しい香辛料や絹織物を安く買って帰ってヨーロッパで高く売れば大儲けできると考えました。それまではシルクロードを使って品物を運んでいたのですが、喜望峰の発見などで大量に早く輸送できるルートが見つかったからです。

ところが、大量に早く輸送できるとは言っても、この事業には海賊に襲われたり、暴風にあって船が沈んだりするリスクはいくらでもあります。商人たちは自分でそれを全部かぶるにはリスクが大きいと判断し、色々な人に資金を出資してもらってリスクを分散しようと考えたのです。これが株式の始まりです。

ところが出資する方だってそう簡単にはお金を出せません。もし船が沈没したり船荷を全部海賊に奪われてしまったりしたら、自分の出したお金だけではなくて大きな負債を抱え込むことになりかねません。そこでこんなしくみが考えられたのです。

「どんなことになっても、出資した額以上に負担を負うことはない」、つまり利益は無限大、損失は自分の出資した金額まで、というしくみです。

株式というのは言わば〝事業をおこなう会社の権利〟をばら売りしたものですが、この権利は儲かった時は出したお金に比例して受け取れるのに対して損をしたときはどんな大きな損であったとしても自分の出したお金よりは上回ることがないという実に都合のいい話なのです。

これを**有限責任**と言います。株式の最大のメリットにして最大の特徴はこの有限責任にあります。

## 株式会社は人類最大の発明

これが株式会社のルーツであり、現代に至っても原則は変わっていません。何しろ利益は無限で損失は限定なのですから、人々の気持ちも積極的にリスクをとっていこうと冒険的になります。

このしくみができたことで、リスクをとって新しいビジネスに取り組むことが可能となり、近代資本主義が誕生したと言ってもいいでしょう。

人類の歴史において、リスクをとって果敢にチャレンジする姿勢が社会の発展を促したというのはいつの時代であっても同じです。株式会社が発達したことが近代ヨーロッパの勃興をもたらしたと言っていいでしょう。

古代から中世にかけて発展し、世界で最も進んだ文明を持った先進国であった中国やイスラム諸国の近代化が遅れた最大の原因はこの株式会社のしくみを十分活用できなかったというところにあったのだと思います。

我が国においても明治維新までは株式会社の制度はありませんでした。明治に入って西欧の株式会社の制度を取り入れることで日本の経済社会は急速に発展しました。

日本資本主義の父と言われる渋沢栄一は多くの銀行をはじめ、現在も存続する日本の主要な企業を設立しました。

**渋沢栄一《しぶさわえいいち》**（1840－1931）

江戸時代末期から大正期にかけての官僚、実業家。多くの銀行や企業を設立し、日本資本主義の父と呼ばれている

その数は500以上と言われています。こうして株式会社制度が急速に拡大したことによって日本の近代資本主義は発展していったと言っていいでしょう。

株式会社は人類最大の発明と言われるのはこういうわけなのです。

THEMA 3

# 世の中にうまい話はない、ってホント？

## 永遠の真実

世の中にうまい話はない、と言います。これは恐らく永遠の真実でしょう。でも実を言うと、まったくないということはありません。ほぼ100％の確率で儲かる話はあります。でもそれは犯罪なのです。

たとえばあなたが研究者として製薬会社に勤めていて、ガンの特効薬を開発したとします。その事実を知っているのはあなたとあなたの会社のごく一部の人だけです。

もし発表すれば、会社の株価は急上昇することは間違いないでしょう。だとすればその事実を知っているあなたは、発表する前に株を大量に買っておけばその後の値上がりで大きな利益を得ることができます。これはとてもおいしい話です。

でもこれは**インサイダー取引**という重大な犯罪です。市場というものはすべての情報が公平に公開されているという条件の下で公正な取引がおこなわれるから信頼性が保たれるのです。

投資をするにあたって、この「世の中にうまい話はない」という事実をしっかりと腹の中に納めておくことはとても大切です。なぜならこの事実は投資における「リスク」と「リターン」の関係をきちんと表しているからです。

## 「リスク」は損をする危険性、は違うの？

投資で利益を得ること、あるいは利益を見込むことをリターンといいます。簡単に言えば投資して得られる儲けのことです。

ところがもう一方のリスクという言葉はやや複雑で、いろいろな意味を持っています。工学、経済学、医学などさまざまな分野でリスクという言葉が使われますが、少しずつ意味が異なります。普通の人はリスクという言葉を聞くと「危険な」というイメージを持っているはずです。これは決して間違っていませんし、やはりリスクというのは危険という意味で考えるのが一番自然です。

したがって投資でリスクという言葉が出てくると「損をする可能性」と解釈するのは当

然です。ところが資産運用の世界でいう「リスク」とは「結果が不確実である」というややわかりにくい概念になるので、ちょっと面倒です。

結果が不確実である、というのは、どういうことでしょうか。たとえば金融商品でいえば国債とか定期預金はあらかじめ支払われる利息が決まっており、満期になれば元本が戻ってきます。

用語解説

**金融商品《きんゆうしょうひん》**

預金、株式、投資信託、保険等、一定の金額を投入することで利益を見込むことができる性質の商品のこと

つまりリターンは決まった金額になるから確実で、この場合はリスクがないといいます。実際には元利金が支払われなくなるなどの危険性がないわけではありませんが、投資理論に限って言えば、**国債や預金というのは「無リスク資産」と言われています。**

これに対して株式は価格が変動します。配当金も当然業績によって増えたり減ったりします。したがって、投資した結果のリターンが不確実なので〝リスクがある〟と言われるわけです。さらにリスクが大きいというのは、その不確実性すなわち結果のブレ幅が大きいことを意味します。

リスクが大きい＝ハイリスクというのは儲かるか損するかはわからないけれど、損得の

ブレ幅が大きくなる、ということです。この事実をきちんと理解しておくことがとても大切です。

## ハイリスク・ハイリターンの正しい意味

「ハイリスク・ハイリターン」という言葉を聞いたことがある人はいるでしょう。多くの人はリスクという言葉を「危険」と理解していますから、危険を冒せば得られる利益が多くなる、と解釈しがちになります。事実、金融機関なども「この商品は、リスクは高いですが、高いリターンが期待できます」といった言い方で勧誘してきます。

もっとひどいと「あなたが儲からないのは十分にリスクをとっていないからです」と言って積極的にハイリスクの商品を勧めてくる場合もあります。

でもこれは明らかに違います。リスクというのは結果が不確実であるということですから、リスクが大きいというのは、その不確実さのブレ幅が大きくなるということです。だとすれば、「高いリスクのものは高いリターンが得られる」と解釈してしまうと、これは大きな論理矛盾になってしまいます。

なぜなら、「リスクが高い！」と言った瞬間に大きく儲かる可能性もある代わりにそれとおなじぐらい大きな損をする可能性もあるということになるからです。したがって、正しい表現は「高いリターンを得ようと思うとリスクは必ず高くなる」、「大儲けしたいなら、大損することを覚悟しておきなさいよ」ということです。

ハイリスク・ハイリターンという言葉につられて投資をして損をして、「リスクをとったら儲かると言われたのに！」と文句を言っても仕方ありません。「それはハイリスクだったのだからしょうがないです」と言われておしまいです。

同様に「ローリスク・ローリターン」という言葉も「リターンの低いものはリスクが低い」という意味ではなく、リスクが低いということはブレ幅が小さいのだからそんなに儲かりませんよ、ということを意味します。

大切なことは自分がどれぐらいのリスクに耐えられるかということです。投資したお金がどれぐらい減っても許容できるかという自分なりの基準を持つことです。その上で自分のお金の中でどれぐらいの金額をリスクのあるものに投資するかを意思決定する必要があります。

このようなリスクとリターンの関係を**「トレードオフ」**と言います。一方を追求すれば他方は犠牲にせざるを得ないという意味です。

高いリターンを求めるのであれば安定した結果はあきらめ、大きな損が起こり得るということを知っておくべきですし、安定した結果を求めるのであれば、高い利益を得るのはあきらめるということです。

THEMA 4

# で、何に投資をすれば一番儲かるの？

## 儲かるものがわかっていたら、絶対人には教えない

証券マン時代、「儲かる銘柄を教えてよ」と言われることが数えきれないくらいありました。

金融とはまったく縁のない仕事をしている友達からも「何かいい話があったら教えてくれよ」と言われましたし、挙げ句の果ては親戚からですら同じようなことを聞かれるのには閉口しました。

答えはこれしかありません。

「そんなものはわからない」

「もしそんなものがわかるのだったら、仕事なんかしていない」

「もしわかるのだったら自分だけその情報を独り占めして人には絶対教えない」

前に「リスク」と「リターン」というお話をしましたが、〝儲け〟というのはリターンのことですから、株式投資におけるリターンというのはとても不確実なものです。

別な言い方をすれば、リターンはコントロールすることができません。

## リスクはコントロールできるのか?

リターンがコントロールできないのであれば、リスクはコントロールできるのでしょうか? これは可能です。**最も手っ取り早いリスクコントロールの方法は、投資する金額を調節すること**です。

手持ちの資金を全額株式に投入するより、半分だけにしておく方がリスクは少なくなります。株式に投資をしなければ、値下がりで損をすることはありませんから、価格の変動リスクはゼロです。もちろんそのぶん、期待できる利益は小さくなります。リスクとリターンはトレードオフなのですから、安定した結果を求めるのであれば高いリターンはあきらめなければならないということです。

では、株式投資において同じ投資金額で比較した場合にリスクを小さくすることはできるのでしょうか。

これもある程度可能です。それが**分散投資**と言う方法です。

複数の資産や銘柄に分散して投資をすることです。分散投資がなぜリスクを軽減するのかということについて、直感的におわかりいただけるようにお話ししておきましょう。

## 円高になっても円安になっても

円高・円安によって、今後の日本経済がどう変わるか、ということを例にとって考えてみましょう。日本は2012年秋から円安になってきましたが、その前の数年間は大幅な円高が続いていました。

円とドルの関係で言えば、円高が進むということはドルが安くなるわけですから、自動車や電機といった輸出産業のように輸出した代金をドルで受け取っている企業にとっては売り上げの金額は減少するわけで、業績がマイナス要因となります。

一方、外国から原料を輸入して製造し、国内で販売している会社、石油を大量に使用する電力会社や原料の農産物を輸入している食品会社などは、逆に円高になることで業績はプラスに作用します。

将来円高になると思えば、輸入産業に投資をすればいいわけですし、逆に円安に進むとなれば輸出産業に投資をすることで利益は得られるでしょう。しかし、これから為替がどのように動くのかを予測しなければなりません。

そこで両方の企業群に投資をすることで、為替がどちらの方向に向かったとしても利益

**と損失はあるていど相殺されます。**つまり大きく儲けることはできない代わりに大きな損をすることもなくなるというわけです。

## 分散投資はいろいろできる

分散投資で大事なのは、値動きの異なるものに投資をするということです。

さきほどの例で言えば、円安と円高という異なる状況においての値動きが正反対になると想定されるものの組み合わせでしたが、分散投資というのはこのような株式投資の銘柄だけではなく、もう少し幅広く考えることが大切です。

たとえば景気が悪くなってくると株式市場全体は下がりますが、それによって中央銀行が金融政策として金利引き下げをおこなうと、債券価格は上昇します。株式と債券は必ずしも正反対の動きをするわけではありませんが、これも経済状況によって異なる動きをすることがありますから、ある程度分散することによる効果はあります。

またこの分散投資効果は国別にも有効です。たとえばアメリカにとって良いことが中国にとっては不利なことかもしれませんし、日本にとって悪いことでも韓国にとっては良いというケースだってあります。

海外に投資するというと難しそうに聞こえますが、広く国内外に分散投資するのはそれほど難しいことではありません。最近はグローバルに分散投資されている投資信託が1万円ぐらいから買えるようになっています。

用語解説

**投資信託《とうししんたく》**
投資家から集めたお金を一つの大きな資金としてまとめ、運用の専門家が株式や債券などに投資・運用する商品

投資をする上で必ず知っておくべきことは**リターンはコントロールできないが、リスクはコントロールすることができる**ということ。そしてそのための有力な方法の一つが分散投資であるということです。

THEMA

# 5

# 投資で手っ取り早く儲けたい人へ

## それがわかれば苦労はしない

証券会社の営業マン時代、「どれを買えば一番儲かるのか？」と同じくらい聞かれたのが、「目先で儲けたいけど何かいいのはないの？」という相談です。つまり手っ取り早く儲けたいということです。

そんなことがわかれば苦労はしません、というのが答えなのですが、もう少し深く考えてみると、これは「投機をしたい」と言っていることに他なりません。

**投資**と**投機**は似てはいますが異なるものです。ただ、その違いをきちんと理解しておかないと資産運用で間違いかねませんので、ここでは具体的にどう違うのかについてお話ししていきましょう。

投資というのは〝資〟を投じると書きますね。これに対して投機は〝機〟に投じると書きます。機というのはタイミングとかチャンスという意味ですから、タイミングを狙って利益を得るという意味です。

投資の場合は、原則として企業の成長性に注目し、数年単位で企業の価値向上を狙って資金を投じます。リターンとして考えるものは企業価値向上による値上がりに加えて企業が上げた収益の中から支払われる配当もあります。

これに対して投機は価格の動き自体に着目し、短期的に値上がりを狙って儲けようという行為です。**投資が比較的長期のスタンスで考えるのを基本としているのに対して、投機はあくまでも短期的な売買益を狙いにいきます。**したがって「手っ取り早く儲けたい」というのは言い換えると「投機をしたい」と言うのと同じことなのです。

もともと「投機」というのは禅宗の仏教用語から来ているそうです。禅を教える者と学ぶ者、すなわち師弟の心機が合致することを投機と言います。禅の教えではこのタイミングが重要だとされていますが、株式に資金を投ずる場合、何よりもタイミングを重視するというところから派生してきたのではないかと推察されます。

投機のことを英語では「speculation」と言いますが、この言葉の中には、確実な根拠を持たない思索や憶測という意味が含まれているそうです。「賭け」とか「ギャンブル」に近いイメージをほうふつとさせます。

## たまたま、まぐれ

また、リスクとリターンという面から考えても、投資と投機はあきらかに異なります。投資の場合は、自分がどの程度リスクを負うことができるのかを考えてリターンを追求するというのが基本です。

リスクとリターンはトレードオフの関係で、高いリターンを求めればリスクは高くならざるを得ません。すなわち損失の可能性も大きくなるということです。自分が求めるリターンの大きさに応じてリスクを調整しながら資金を投じるというのは投資の基本です。

これに対して投機はまったくリスクを考慮しないでリターンの追求のみをおこなう行為です。リスクを考慮しないわけですから、当然リターンは大きくブレることになり、大儲けできる可能性もある代わりに大損する可能性もあります。

ただ賭博とは少し違います。賭博が勘だけを頼りにして、偶然に左右されるのに対して、投機の場合は、多少なりとも市場の状況や過去の価格推移などを調べた上で自分なりの判断を付け加えるという部分があるからです。

とは言え、投機の英語訳「speculation」の意味のところでも出てきたように、これらは〝確実な根拠を持たない思索や憶測〟ですから**投資に比べて〝たまたま〟とか〝まぐれ〟といった偶然性による部分が大きい**ことは間違いありません。

## 投資と投機を間違えない！

日本人は「投資を好まない」と言われますが、多くが「投資」と「投機」を混同している部分があるように思います。

投資はギャンブルだという人がいますが、それは恐らく投機のことを言っているのでしょう。投資否定派の人は多くの場合、投機という行為そのものをバクチであると考えているに違いありません。

一方、世の中には投資を積極的に勧めようとしている人たちもいます。証券会社や運用会社の人たちは「貯蓄から投資へ」のかけ声の下、積極的にもっと投資すべきだと主張します。こういう人達の主張の中には「投機は悪いことだけど、投資は良いことだ」というロジックがあります。「なかなか投資が世の中に普及しないのは多くの人が投機という悪いことを投資だと勘違いしているからだ」というわけです。

私は、投資も投機もどちらも悪いことだとは思っていません。どちらも世の中には必要なものだからです。

投資は世の中で資金が必要なところへお金を回すことによって経済活動が活発になり世の中が進歩していく、そしてそれに資金を投じたことでその成長の見返りを受け取ることができるという立派な経済行為です。

投機は単なるバクチなのかというとそういうわけでもありません。株式を例にとると、投資していたお金をいったん自分のところへ回収したいということになれば、株式の取引がおこなわれている市場で換金しなければなりません。これを**流通市場**と言います。投機がおこなわれることによってお金が頻繁に市場に出たり入ったりしているわけですが、これも市場での取引の一部ですから、取引高が大きくなり、市場に厚みが増します。つまりいつでも適正な価格で換金しやすいということになります。**投機が全くおこなわれない市場ではどうしても取引高が少なくなり換金しづらくなる**という問題も起こり得るのです。

日本人は投資が苦手と言われますが、実は世界で初めて先物取引という先進的な取引手法が用いられたのは江戸時代に大阪の北浜にあった堂島米会所だったのです。

用語解説

**先物取引《さきものとりひき》**
将来のあらかじめ定められた期日に特定の商品（株、債券、為替等）を現時点で取り決めた価格で売買することを約束する取引

当時の庄内藩（今の山形県）酒田の豪商、本間宗久は、酒田、江戸、大阪での米の取引で莫大な富を築いたと言われており、彼が考案した「酒田五法」と言われるケイ線の分析手法は、今でいうテクニカル分析の走りであったと言ってもいいでしょう。

**本間《ほんま》宗久《そうきゅう》**（1724－1803）

江戸時代の豪商で、米取引によって莫大な富を築いた。「本間様には及びもせぬが、せめてなりたや殿様に」の唄から、往時の隆盛ぶりがうかがえる

投資と投機の違いはしっかりと理解しておく必要があります。

LESSON 2

THEMA 6

# 大切なことは余計なコストを払わないこと

## 資産運用の最大の敵！

ここまで、投資で最も基本的に知っておくべきリスクとリターンのお話をしました。リターンというのは不確実なものなのでコントロールできないが、リスクはある程度コントロールできるということでした。

実はもう一つコントロールできるものがあります。それが**運用コスト**です。運用にかかるコストは大きく分けて二つあります。一つは税金、そしてもう一つは手数料です。

この二つは、資産運用にとって、最大の敵と言って良いと思います。税金は利益が上がった時しかかかりませんが、利益が多くても少なくても一定の率で引かれます。手数料にいたっては儲かろうが損しようが関係なく差し引かれることになります。したがって、リターンは不確実ですが、コストは確実に運用成績に対してはマイナスに作用する性質のものなのです。

実際にこの二つがどれぐらいリターンにマイナスに作用するのかを見てみましょう。

## え！こんなに違うの！

まず税金から見てみます。仮に大学を卒業して社会人になった22歳の時から、定年退職を迎える60歳までの38年間、毎月給料から1万円ずつを積み立てて3％の平均利回りで運用したとします。積立て元本は一体いくらになるかというと、1万円×12カ月×38年で456万円になります。

ところがこれを3％の複利で運用し続けた場合、38年後の元本は約828万円に増えます。

用語解説

**複利《ふくり》**
元金が生んだ利息を次期の元金に組み入れることによって元金だけでなく利子にも次の期の利息がつくこと。元利合計は雪だるま式に増えていくただ、預金や投資信託、株式などの金融商品の場合は利益に対して一律20％の税金がかかりますので、税金の分を考慮すると元本は約658万円にしかなりません。その差額は何と171万円にもなります。（**図5**）

一方、手数料はどうなるでしょう。金融商品の場合には手数料体系は商品によってさまざまなので一概に比較するのは難しいのですが、できるだけわかりやすくするために「投資信託」の手数料である運用管理費用を考えてみます。

投資信託というのは自分のお金を運用会社に運用の委託をし、財産の管理を信託銀行に管理してもらうしくみになっていますから、保有しているだけで一定の運用管理費用が差し引かれることになります。これを**「信託報酬」**と言います。

信託報酬も投資信託によってさまざまなのですが、現在比較的安い管理費用と言われている水準は年率で0・2％ぐらいです。ところが投資信託の中には結構高いものもあり、中には年率で1・5％ぐらいのものもあります。

先ほどの例で毎月1万ずつ38年間、投資信託を積み立てで買った場合、負担する管理費用の合計は一体いくらぐらいに

**図05　税金と手数料のカラクリ**

22歳から60歳までの38年間
毎月1万円ずつ積み立てていくと

積立累計額＝456万円

↓

税金
3%複利で積立て運用すると
課税運用　＝元本は約658万円
非課税運用　＝元本は約828万円
171万円

手数料
投資信託を例にとると……
信託報酬 年1.5%　＝約133万円
信託報酬 年0.2%　＝約18万円
115万円

※手数料は各年末時点での積立残高に信託報酬率を乗じた簡易計算ですので、必ずしも正確なものではありません。

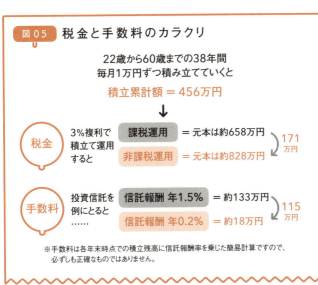

なるでしょう。仮に管理費用が年率0・2%の投資信託であればその累計負担額は約18万円ですが、もし1・5%の管理費用のものでずっと積み立てを続けた場合、その負担額の累計はなんと約133万円にもなりますので、これも差額は115万円にもなります。

税金と手数料の両方を合計してみましょう。税金の場合の差額は171万円でした。一方、手数料の場合の差額は115万円です。両方合わせると286万円の開きになってきます。積み立てた元金が456万円だったことを思うと、なんと元金の半分以上の差が生じることになります。

運用にとってコストがいかに大きいものであるかということがおわかりいただけたのではないでしょうか。

では次にこのコストをどうやってコントロールするかということです。

## 税金はかからないに越したことはない

税金というのは法律で料率が決まっていますから、これを変えることはできません。ところが世の中には運用利益に税金がかからない制度も存在します。

一つ目はご存じ、少額投資非課税制度(NISA)です。上限内であれば、株式や投資信託などの投資性商品で運用した場合の運用益に対しては税金がまったくかかりません。

用語解説

**NISA《ニーサ》**
株式や投資信託、ETFといった投資性商品を購入した場合、一定期間、一定の金額までは利益が生じた場合にも課税されない制度

次に確定拠出年金という制度があります。これも同じく上限はありますが、一定金額までは金融商品で運用して得た利益に対して税金はかかりません。投資信託などの価格変動商品だけではなく、預金や保険といった元本保証型の商品も利用することができます。

用語解説

**確定拠出年金《かくていきょしゅつねんきん》**
企業年金の一種で、自ら年金資産の運用をおこなう制度。会社がお金を出す企業型と個人がお金を出す個人型の2種類がある

これ以外にもサラリーマンであれば財形貯蓄という制度があり、住宅取得という目的のためであったり、将来の年金を補完するためという目的の場合であったりすればやはり一定金額までは非課税になるという特典があります。

NISAは20歳以上の国民であれば誰でも利用できますし、確定拠出年金も近い将来、

ほとんどの国民が利用できるしくみになる予定です。

こうした制度は知らないがゆえに利用してこなかった人も多いと思いますので、まず自分が利用可能かどうかを調べたほうがいいでしょう。これらは間違いなくお得な制度です。

## 手数料が安いのを探そう

一方、手数料は少し複雑です。株式などの場合には売買手数料が、投資信託の場合はさきほど説明した運用管理費用である「信託報酬」がかかりますし、なかには購入手数料が必要な投資信託もあります。

株式の場合で言えば、ネット証券を使うことで手数料はかなり安くなります。高い手数料を払ってもいいから相談したいということであれば対面取引の証券会社で取引することもありえますが、確実に儲かる銘柄を教えてくれるわけではありません。

やはり〝リターンにとって確実にマイナスに作用する〟手数料が安いところを優先して選ぶべきだろうと思います。

投資信託の場合、気をつけなければいけないのは信託報酬です。購入手数料は購入する時だけのことですが、運用管理費用である「信託報酬」は保有し続ける間はずっとかかるということです。

一般的には投資信託の手数料というのは日経平均などの株価指数に連動するようなタイプ（インデックス型）の方が安く、ファンドマネージャーが自分の裁量で運用して株価指数を上回る成績を目指すタイプ（アクティブ型）の方が高くなることが多いです。

インデックス型とアクティブ型のどちらがいいかというのは一概には言えませんが、**リターンは不確実であるのに対して、コストは確実ですから、どちらかと言えばコストを重視する方が長い期間を考えると優位になってくる**と思われます。

## 分析する

ここではおもに運用のコストについてお話ししてきました。さらに重要なこととして、コストを含めたさまざまな要因についての情報を集めて分析し、〝自分で判断する〟ということについて触れたいと思います。

エコノミストやアナリストと言われる人たちは、自分が判断するにあたって必要な情報量のほとんどは、公表された数字を使って分析しています。

分析するというのはどういうことかというと、数値に基づいて**仮説を立て、自分なりの考えや見通しを出すということ**です。自分のネットワークを通じて得た情報や企業を訪問して経営者にインタビューしたことも加味することで自分なりの判断が出来上がっていることは言うまでもありません。

日経新聞の活用ということを例にとれば、自分の興味のある事柄から読み始め、関連する業界や企業についても対象を広げていく。一方では景気や金利、株価といったベースになる数字を毎日丹念にチェックしていく。

こうしたことを続けることで紙面に現われた事実や数字から自然に自分なりの意見や判断を下すことができるようになるものです。

投資で最も大切なことは〝自分で判断〟をするということなのですが、そのためには判断し得る材料を集めることが必要です。

日経新聞だけを読んでいればいいというわけではありませんが、少なくとも経済専門紙を読んでそこに書かれている事実を分析することは判断材料を集めることに他なりません。

LESSON

# 3

# お金の流れを知る

金融

LESSON3

THEMA 1

# 金融ってどういうこと？

## お金は血液、金融は血管

金融という言葉にみなさんは一体どんなイメージを描きますか。

金融機関というと、とてもエラそうな雰囲気がありますし、金融業者というと、やや怪しげなイメージがあるように思えます。

金融という言葉は一般の人にとっては、どことなく近寄りがたい、あるいはうさんくさいイメージのようです。

前章で投資というのは「今すぐお金を必要としない人が、今お金を必要としている人にお金を回してあげて有効に使ってもらい、利益を上げることによって出した人にお金が還元されるということ」だとお話ししましたが、投資も広い意味では金融の中に含まれます。

世の中で資金が余っているところと不足しているところを結びつけて過不足のないように十分にお金が行き渡るようにすることが「金融」の役割です。文字通り、金融とは**〝お金〟**を**〝融通〟**し合うことなのです。

たとえば住宅を買おうと思った場合、高額なものですから当然自分が持っているお金だけでは買えません。誰かに貸してもらわなければいけませんが、社会に金融機能が存在しなければ、巨額のお金を貸してくれる人を自分で探さなければならないことになります。公的、民間を問わず「住宅ローン」という形でお金を借りることができる機能があるから、家を買うことができるのです。

これは世の中のあらゆる経済活動に当てはまります。生産設備を増強するために新たに工場を作ったり、新規事業をおこなうために設備投資をしたりする時にも自己資金がなければできないということになると、経済活動は著しく停滞してしまいます。

お金の流れと経済の活動を人間の身体にたとえれば、**お金は血液であり、金融はそのお金を体（社会）の隅々まで運ぶ道筋である血管に該当します**。

心臓も胃も肺も、そして人間の行動を指示する脳にも血液が行き渡らなければ死んでしまうのと同じように、社会のありとあらゆる機能、生産やサービス活動、行政に至るまでお金が行き渡らなければ活動はストップしてしまいます。

本章ではそうした金融のルールをわかりやすく解説していきます。

## お金のやりとりの方法

金融というのは世の中でお金を融通し合うことだと言いましたが、金融にはさまざまな種類と方法があります。ここではまず最も大きな区分、分け方を考えてみます。

一つ目は**「直接金融」**と**「間接金融」**という分け方です。

まず、「直接金融」ですが、貸し手と借り手が直接に出資契約を結び、資金をやりとりする形態のことを指します。企業が株式を発行したり、社債を発行したりして、一般の個人などから直接お金を調達するやり方です。

用語解説

**社債《しゃさい》**
事業会社が発行する債券のことを社債、国や地方自治体など公の機関が発行するものを公債という

一方、「間接金融」というのは貸し手と借り手の間に直接的な契約はなく、間に業者が入ることで間接的にやり取りが行われる形式で、銀行借入が間接金融の代表です。

預金者は銀行にお金を〝預ける〟と言いますが、実際には銀行にお金を〝貸している〟のです。そして一般の人からお金を借りた銀行はそのお金をまた別のところへ貸すことに

よって、金利の利ザヤをとるビジネスをしています。

直接金融と間接金融の最大の違い、それはリスクの担い手です。直接金融というのは貸し手がダイレクトにお金を企業等の借り手に渡しますから、借り手が破たんした場合、お金は戻ってこないことがあるのは当然です。

つまりお金を返してもらえなくなるリスク（信用リスク）は、直接お金を出した人が負うことになります。

用語解説
**信用《しんよう》リスク**
投資したお金が返ってくる確実性のこと。信用リスクが高いということは信用度が低く、帰ってこない確率が高いので、その分金利は高くなる

一方、間接金融の場合、銀行が間に入って企業などに貸出しするわけですから貸出し先の破たんといった信用リスクを負うのは銀行です。貸出先がつぶれたからといって、預金者に元金や利息を支払わないということはありえません。

## 直接金融は産地直送

直接金融と間接金融、あなたがお金の出し手であったとすれば、一体どちらを選ぶで

しょう。リスクは間接金融の方が少ないのは明らかです。その代わりお金を出すことによって得られるリターンは仲介業者が存在しない分だけ直接金融の方が大きくなります。いわば農産物の産地直送のようなものです。

間接金融においては銀行がリスクをとる代わりに儲けの多くを銀行に持って行かれるのに対して、直接金融は自分でリスクを負わなければなりませんが、大きなリターンが期待できます。そういう意味では直接金融というのはまさに自己責任であるということが言えます。

日本では戦後の長い間、間接金融が中心でした。その理由は個人があまり多くのお金を持っていなかったために小口の資金を銀行にまとめることで効率よく世の中の経済の発展に活用することができたからです。

ところが現在は個人が持つ金融資産は1700兆円にもなります。だとすれば間接金融ばかりではなく、直接金融を活用することを考えてもいいはずです。なぜなら、お金を出す方（あなた）も有利に運用できる可能性が高く、借りる方（企業）も有利な条件で資金を調達できるからです。

数年前から言われている「貯蓄から投資へ」ということの本質はこのことなのです。とは言え、自己責任ですから、一定のルールをきちんと理解し、知っておくことは欠かせません。

THEMA 2

# ソフトバンクの株式と社債はどう違うのか

## 株式は「出資証明書」、債券は「借金証明書」

金融の区分としては〝直接金融〟と〝間接金融〟の「形態」があるということを今お話ししたばかりですが、もう一つの分け方として「調達方法」があります。具体的に言えば、株式を通じて資金を調達するか、債券を発行して資金を集めるかという二つの方法です。

株式と債券というのはどう違うのでしょうか。株式がどういうものかについては、2－2「株式会社に勤めているのに株式のこと知らない」（71ページ）でくわしく説明しました。一言で言うと、その会社の株式を持つということはその会社に出資するということであり、自分がその株式を他人に譲渡するか、会社が解散したりしない限りはいつまでたっても出資したお金は返ってきませんが、会社の儲けに応じて配当金が支払われます。もちろん業績が好調で株価が上昇すれば自分の買った値段よりも高くなるので売却すれば儲けが出ます。

これに対して債券というのは出資ではなくて貸付です。

企業が債券を発行する（社債）というのはお金を借りるということですから、満期が来れば貸したお金は返ってきますし（償還）、通常は満期までの間は決まった利息が支払われます。お金を出す個人の立場からすれば、銀行預金と似たようなものだと考えておけばいいでしょう。

**株式は「出資証明書」、債券は「借金証書」**と言えます。どちらも企業が資金を調達する重要な手段ですが、それぞれ一長一短があります。

## ソフトバンクの株式と社債

株式と債券の違いということについて、みなさんがよくご存知の会社、ソフトバンクを例にとってお話しします。まず社債からです。ソフトバンクは２０１５年の6月に社債を発行しました。具体的な条件は**図6**に示された通りなのですが、この中から基本的な部分のみ説明していきましょう。

年率1・36%というのは、出したお金に対して毎年利息が1・36%つくということです。利払い日が毎年6月と12月の18日となっていますが、これはこの1・36%の年間の利息を毎年2度に分けて支払うということです。

償還日というのはこの社債が満期になる日です。つまりこの日に元本（元手）が戻ってくるということを示しています。ここでは2020年の6月18日となっていますから満期までの期間は5年ということになります。

ここで一番大切なことは利率です。

自分が投資した社債でどれぐらいのリターンが得られるかを表しているのがこの利率だからです。年1・36%（税引前）。これは確定しています。他に確定している金融商品で同じぐらいの期間のものと比べてみましょう。

この社債が発行された2015年の6月時点で見ると、5年定期は銀行によっても違いますが、比較的高い金利を提示しているところでも年0・3〜0・4%程度です。

大手の銀行では0・03〜0・04%ぐらいが普通ですから、社債の金利というのはかなり高いことがわかります。まさに産地直送ならではと言えますね。

図06 ソフトバンクの社債（2015年6月）

| 銘柄名 | ソフトバンク株式会社第47回無担保社債 |
|---|---|
| 年率（税引前） | 1.36% |
| 申込単位 | 100万円以上100万円単位 |
| 申込期間 | 6月4日〜6月17日 |
| 利払日 | 毎年6月18日、12月18日 |
| 発行価格 | 額面100円につき100円 |
| 償還日 | 2020年6月18日（期間5年） |
| 発行額 | 1000億円 |
| 格付け | A-（JCR） |

出所：SBI証券ホームページ

一つ注意が必要なのは、中途解約すると価格の変動によって元本を割る場合があるということです。これは社債の金利が固定されているため、その社債よりも高い金利の社債が後になって発行されると相対的にそれまでの低い金利の社債の価値が下がるということから起こる現象です。もちろん償還（満期）まで持てば元本を下回ることはありません。

一方、同じソフトバンクで株式の場合はどうでしょうか。

前述の社債が発行された日のソフトバンクの株価は7132円でした。仮に100株を購入（投資）した場合は、71万3200円です（手数料は考慮せず）。ではソフトバンクの株に投資したことによって貰える配当金はいくらでしょう。

『会社四季報』2015年3集で調べてみると、2015年3月期の配当は1株当たり40円とあります。100株だと4000円です。71万3200円投資して、もらえる配当は年間4000円ですから年率にすると0・56％です（税金は考慮せず）。

社債と比べると利回りは低く、半分以下です。しかし、投資するのであれば社債の方が良いのかと言えば、かならずしもそういうわけではありません。

なぜなら株式の場合は値上がり益が期待できますので、上がった場合は1・36％どころではない大きな利益も期待できるからです。もちろん下がれば利回りどころか損失が発生します。

社債の場合、満期までの途中で売買した場合には価格の変動がありますが、満期まで保有すれば会社が破たんしない限り確実に元本は戻ってきます。

要は運用しようと考えているお金の性格によってどちらを利用したほうがいいかを考えることが大切だということです。

## 債券の特徴

では、ここで債券の特徴をまとめてみましょう。

・株式と異なり、出資ではなく借金なので返済期限（償還）がある
・償還まで保有すれば決まった金利と元金は必ず戻ってくる
・金利は同じ期間であれば銀行預金よりも高いのが一般的
・預金と違って中途解約の場合は価格変動がある

同じ金融でも「株式」という調達方法と「債券」のそれとでは、かなり特徴が違うということがおわかりいただけたのではないかと思います。

簡単に言えば、**株式は「その会社の成長に賭け、その成長がもたらしてくれる利益を取りに行く」という要素が強いのに対して、債券の場合は「その会社の安全性を見越した上で一定期間お金を貸してあげる」**という極めてシンプルな取引です。

もちろん、債券の場合も金融機関等の機関投資家と言われている人たちは債券を短期売買して利益を得るといった取引もしていますが、一般個人の場合にはそういう取引とはほぼ無縁ですので、前述のような分け方をしています。

株式は長期的にその企業の成長に投資するというのが本来のやり方でしょうから、あまり短期的には使う予定のない資金を用いるべきでしょうし、使う予定がはっきりと決まっているのであれば、安全性を重視して、その期間に合わせて債券に投資をする方が、資金性格には合っていると言えるでしょう。

目先の利益だけを狙って利用方法を間違えないようにすることが大切だと思います。

THEMA

# 3

# 金利はどうやって決まる？

## 金利は〝お金の使用料〟

お金の貸し借りがおこなわれると、そこには金利が発生します。さて、この「金利」というのは一体どういう性格のものなのでしょう。

ひと言で言うと、これは**〝お金の使用料〟**です。債券というのは借金証書だということは前節でお話ししました。企業が債券を発行するというのは投資家からお金を借りることで、債券はその借りたという証明書です。

お金を借りるということは、一定期間、そのお金を使わせてもらうということですから、貸してくれた人に払う金利というのはそのお金の使用料ということができます。

金利がお金の使用料だとすれば、その料金、すなわち〝利率〟は一体どうやって決まるのでしょう。この節ではそのしくみを理解しておきましょう。

## お金の需要と供給とは？

一般的に世の中のモノの値段というのはすべて需要と供給の関係が影響するということは、**1−1**「モノの値段はみんなが決めている」（34ページ）でお話しした通りです。

お金の使用料である金利の利率（値段）も同じ原理が働きます。つまりお金を借りたいと言う人が多くなってくれば「お金の使用」に対する需要が高まってくるので、利率（値段）は上がる傾向になります。

では企業などで「お金を使いたい」というニーズが高まるというのは一体どんな時でしょうか。一般的には景気が非常によくなってくるとそういうニーズが増えてきます。

景気が良くなるということは製品がたくさん売れる見込みが出てくるということですから、企業は製品を増産しようと考えるはずです。そうなると工場を増設するといったように資金が必要な場合が出てきます。

したがって**世の中でお金の需要が高まれば金利は上昇するし、逆に需要が減退すれば金利は低下する**ことになります。

これはお金を使いたいという需要の面からの現象ですが、もう一方、逆に供給の面から考えることもできます。これが中央銀行の金融政策と呼ばれるもので、日本の場合は日本銀行がおこないます。

日本銀行（日銀）は、お札を発行できる権限を持っています。つまり世の中にお金を供給することができるのです。また、日銀は銀行の銀行と言われているように普通の銀行からお金を預かったり貸し出したりしています。その際の金利を調節したり、貸し借りの量を調節したりすることでお金の供給をコントロールすることが可能です。

世の中の景気が悪くなってくると企業も積極的な設備投資をしづらくなりますから、資金の需要は減ってきます。そこでさらに日銀が金利を引き下げたり、お札の発行量を増やしたりすれば、中には「こんなに低い金利だったら今のうちに借りて設備投資をしておこうか」という企業も出てくるでしょう。

企業にとってはお金を借りやすくなりますから経済活動を活発にする効果が期待できます。これが**金融緩和**です。

逆に景気が過熱してくると物価が上がってインフレの心配が出てきます。日銀というのは通貨の番人という側面も持っていますから、極端なインフレになって通貨の価値があまり下がらないように、金利を上げたり、供給を減らしたりすることで過熱気味の景気を押さえようとします。これが**金融引締め**ということです。

**金利が決まる最大の要素の需給関係のうち、供給をコントロールする役割を持っているのが日銀だということは知っておいてください。**

## 貸したお金が返ってこないリスク

実は金利というのは誰が借りても同じというわけではなく、借りる人によっても違います。たとえばトヨタ自動車という会社があなたに「100万円貸してください。金利は1%で5年後にお返しします」と頼んできたとします。あなたは恐らく金利を見て、良いと思い、そして手元にすぐに使わない100万円があったら、貸してあげるでしょう。でも同じことを私が言ったらどうでしょうか。

これは大企業と個人を比較するという極端な例ですが、非常に業績が良くて資産もたっぷり持っている会社と、かなり経営状況が苦しい会社とでは、貸したお金が返ってくるかどうかという信頼度は異なります。

信用度の低い会社は貸し倒れのリスクが高いわけですから、その分余計に金利を払ってもらわないといけません。つまり金利が決まる二つ目の要因は**「信用度」**です。

もっとわかりやすい例としては、消費者金融です。住宅ローンや銀行でのその他のローンに比べると消費者金融の金利は非常に高いのが特徴です。

銀行の場合は住宅ローンであれば融資対象の不動産を担保にしたり、借りる人の収入や資産を調べて信用度を測り、融資条件を決めるのに対して、消費者金融は簡単な身分証明書程度で借りることができます。

当然、貸す相手の信用度については最低限の調査はしてもそんなに詳細にはしないでしょうから、一定割合で貸したお金を回収できないという場合が出てきます。

消費者金融会社の場合はそういう貸し倒れリスクも予想して、一定割合の貸し倒れが出たとしても十分な利益が出るような水準に金利を設定しているのです。

このように金利の本質はお金の使用料だからこそ、「使いたいというニーズの大小」と「貸してあげる相手の信用度」によってその値段が変わってくるということなのです。

LESSON3

THEMA 4

# 金利と自分の暮らしとの関係

## お金を貸す場合

そもそも金利が高いとか安いとかいうのは、私たちの暮らしにどんな影響があるのでしょうか。

まず初めに自分がお金を貸す場合を考えてみましょう。〝お金を貸す〟と言いましたが、ここでは誰か友達や知り合いなどの人に貸すということではなく、債券を買うということをイメージしてください。

国が発行する国債を買うということはあなたが政府にお金を貸すということになりますし、東京電力の社債であれば、あなたは東京電力にお金を貸してあげるということを意味します。

別な言い方をすれば、これは債券という種類の金融商品を使って、自分の資産運用をするということです。ここで気をつけるべきは金利が一体どれぐらいなのかと、貸してあげる期間、すなわち償還（満期）を迎えるまでどれぐらいの期間があるかということです。

金利はその債券を持っている間中、固定された金額で受け取ることができますので、その利率が大切だということはわかるでしょうが、なぜ期間が重要なのでしょうか。

普通、債券というのは満期まで金利が変わりません。安い金利の時に預けるとずっとその金利が満期まで続くことになります。

問題は預けた後に世の中の金利が上昇した場合です。その場合でも、自分が持っている債券の金利は同じですから、何となく悔しい気持ちになります。

そこで、新しく出た高い金利の債券に乗り換えようとします。ところが、銀行の定期預金の場合は、「解約」といって銀行に対してお金を貸すという契約自体を破棄することになりますが、債券の場合はそれを発行しているところとの契約を解除するのではなく、売却するということになります。

つまり自分の持っている債券100万円を換金したければ、それを誰かに売らなければならないということです。仮に自分が持っている債券の金利が2％で、新しく出た債券の金利が4％だとします。

世の中に4％の金利の債券があるなら、2％の債券を買う人はあまりいませんから、どうしても買ってほしければ、ディスカウントするしかないということになり、結果として自分の持っている低い金利の債券価格は下落します。

ここから考えるべきことは、金利が上昇する局面においてはあまり保有期間の長い債券を購入すべきではないということです。

なぜなら長期にわたって低い金利を受けとり続けなければならず、将来世の中の金利が上がった場合でも損をせずに高い金利の債券に乗り換えるということは実質的に不可能だからです。

逆に金利が下がっていく局面においては、ずっと現在の金利が保証されますから、とても魅力的になります。仮に換金しなければならなくなったとしても先程の例とは逆で高く売ることができます。

中にはこういう固定金利ではなくて変動金利のものも一部ありますが、債券の場合はその多くが固定金利であるため、現在の金利の水準と債券自体の満期までの期間の長さというのはとても重要な要素になってきます。

お金を貸す（＝債券や預金でお金を運用する）場合にはこれらを考慮してみましょう。

## お金を借りる場合

では次に、今とは逆にあなたがお金を借りる場合を考えてみましょう。

企業が金利を払ってでもお金を借りるのは、そのお金を使って事業をおこなうことで借りた金利（＝コスト）を十分に上回る収益が上げられると判断するからです。

これに対して個人の場合は、金利というコストを大きく上回る利益を上げられるケースはそれほど多くはありません。したがって個人のファイナンシャルプランニングを考えた場合は、借金というのはなるべくしない方が賢明と言えるでしょう。

とはいえ、住宅を取得する場合などは、すべて自己資金で賄うというのは大変ですから、ほとんどの人はローンを利用します。**1−3**「家は買うのが得か、借りるのが得か」（53ページ）でもお話しした通り、「家を買う」という行為は明らかに投資です。

しかもかなり長期にわたる上に、住宅ローンという〝借金〟をするわけですから、いわばレバレッジを掛けた投資だと言えます。当然、金利の水準やその決定方式などは投資が成功するかどうかという点で、きわめて重要な要素になります。

では、具体的にどう影響するのかを考えてみましょう。債券の場合は、ほとんどが固定金利だと言いましたが、住宅ローンの場合は**固定金利**と**変動金利**の2種類あって、利用者が選べる場合がほとんどです。

固定金利は将来にわたって借りた時の金利が変わらない方式ですし、変動金利は一定期間ごとに金利の見直しをおこなってその水準が上がったり下がったりするタイプです。これから金利が下がるのであれば、変動金利で借りておけば、今後の金利負担は少なくてすみますし、逆に金利が非常に低い時期に借りるのであれば固定金利にしておくことで、将来金利が上がっても負担が増えることはありません。

## 実は金利はボーナスにも影響する

企業にとっての金利水準は個人以上に大きな影響があります。金利というのは企業からみるとコストですから、その水準の高低は、企業業績に直結してきます。ということは企業に勤めるサラリーマンにとっては期間収益から生まれるボーナスにも影響を与えるということになります。

もちろん金利が上がったからといってすぐさまボーナスが減るというわけではありませんが、金利が上昇することであまり良い影響が出ることはないと言って良いでしょう。

このように金利は私たちの生活に大きな影響を与えるものです。原理原則を理解しておくと同時に、その水準についてもニュースなどで関心を持ち続けるといいと思います。

THEMA 5

# 〝金余り〟というけれど、私のところにはお金が来ない!?

## 日銀はどんな方法で世の中のお金をコントロールしているのか

２０１２年の11月にアベノミクスが始まり、その後２０１３年４月から日本銀行（日銀）が実施した、いわゆる「異次元緩和」で世の中に相当お金が出回るようになったと言われています。

ところが異次元緩和が始まって1年近く経った頃、知り合いのエコノミストが、ある講演会後に参加者の方からこんな質問を受けたそうです。

「〝異次元緩和〟で金余りというけれど、私のところにはちっともお金が回ってこないんです」

この方の指摘は本質を突いた良い問いです。

日銀というのは中央銀行です。中央銀行の役割はいろいろありますが、中でも重要なのは、物価を安定させ、それによって経済の健全な発展を助けるということです。そのための政策を金融政策といいます。

すなわち日銀は、世の中に出回るお金の量を調節することによって景気を活発にしたり、逆にインフレにならないよう、物価の安定をはかったりしています。

日銀がおこなう金融政策は大きく分けて二つの手法があります。一つは「金利」を上げたり下げたりすることによってコントロールする方法、そしてもう一つは世の中に出回っている「お金の量」を多くしたり少なくしたりして調節する方法です。

金利は一般的には市場におけるお金の需給関係で決まりますが、短期金利については、日銀がコントロールすることもできます。

短期金利というのは通常、1~2日程度という非常に短い期間の貸し借りに適用される金利です。この貸し借りは、金融機関が当日の資金過不足を調整するためにおこなう、当日から翌日に掛けての1日間におこなわれますが、日銀がコントロールするのはこの金利で、「無担保コール・翌日物」と呼ばれています。

一方、「お金の量」はどうやって調節されるかというと、主に二つの方法があります。それは日銀が金融機関の持っている国債や手形を買い上げたり、売ったりして金融機関に資金を供給したり吸い上げたりする方法で、これは **「公開市場操作」** と呼ばれます。

もう一つは **「預金準備率操作」** といって、金融機関が無利子で日銀に預ける預金の額を調節することです。つまり預ける金額の増減を指示するわけです。

日銀はいわば「銀行の銀行」ですからこういうやり方をすることで、銀行が貸し出しに回せるお金を調節することができます。

## 異次元緩和とは一体何だったのか？

日銀のこういった金融政策は、従来ずっとおこなわれてきた伝統的なものです。ところが２０１３年の4月4日におこなわれた日銀政策決定会合では、従来の政策の枠組みからは大きく一歩踏み出した金融政策を決定しました。これが **「異次元緩和」** です。

日銀の黒田総裁が、「量的にみても質的にみても、これまでとはまったく次元の違う金融緩和をおこなう」と会見で発表したことから「異次元緩和」とか、当時は「黒田バズーカ砲」と言われました。

一体どこが異次元なのか。ポイントは三つあります。

一つ目は、当時「二年間でマネタリーベースの量を2倍にする」と宣言して、量的な金融緩和目標を大きく変えたことです。マネタリーベースというのは日銀が発行する通貨と日銀に置いてある当座預金（銀行のお金）の合計のことで、いわば世の中に出回っているお金全部のことを言います。

用語解説

**マネタリーベース**
日銀が供給する通貨のことで、世の中に出回っている現金と民間金融機関が日銀に預けているお金の合計

このマネタリーベースの規模は異次元緩和が発表される直前の２０１３年３月末の時点では約１３４兆円だったのですが、２０１５年５月時点では３００兆円を超えましたから、かなりの増加です。

これはアメリカでも前のＦＲＢ議長であるベン・バーナンキ氏がサブプライムローン以降に発生した金融危機に対応するためにおこなった量的緩和ときわめて良く似ています。

**ベン・バーナンキ**（１９５３－　）
第14代連邦準備制度理事会議長。２００６年の就任以降に起きた金融危機へ対処するため、量的緩和策を実施した

二つ目は質的な金融緩和です。従来、市場から購入していた国債も期間の短いものだけではなく長いものにしましたし、ＥＴＦ（株価連動型上場投資信託）やＲＥＩＴ（不動産投資信託）といったリスク資産も購入対象としたことです。

用語解説

**ETF**《イーティーエフ》
Exchange Traded Fundの頭文字。上場投資信託のこと。投資信託ではあるが、株式と同様、取引所において時価で売買取引が可能な金融商品

用語解説

**REIT**《リート》
Real Estate Investment Trustの頭文字。不動産投資信託のこと

これによって市場の需給関係が大きく好転するため、株価や債券などの資産価格が上昇しやすくなります。

このように日銀が供給する通貨を増やすということは別な言い方をすればお札を印刷してバラ撒くということですから、普通に考えればインフレになる可能性があります。

実はこのインフレにしようというのが異次元緩和の三つ目のポイントです。日本はそれまで長い間デフレが続いていたので、それを脱却するには緩やかな物価上昇が必要で、具体的には2年以内に消費者物価上昇率２％を達成することを目標としました。

これは「インフレターゲット政策」と呼ばれており、２００８年にノーベル経済学賞を受賞したアメリカの経済学者ポール・クルーグマンが２０００年当時から日銀に対して政策提言をおこなっていたものです。

**ポール・クルーグマン**（１９５３－　）
アメリカの経済学者でプリンストン大学教授。２００８年にノーベル経済学賞を受賞。財政政策に積極的で彼の主張はニューケインジアン経済学と呼ばれる

インフレターゲットを設けることには賛否両論ありましたが、アベノミクスが始まったことでこの物価上昇率の目標が明確化されたのです。

ところが２０１３年４月の異次元緩和から2年経っても、消費者物価はあまり上昇していません。ここに「なぜ私のところにお金が来ないのか？」という疑問を解くヒントがあります。

## なぜ私のところにお金が来ないのか？

異次元緩和と言っても、日銀職員が街頭に立ってお金をばら撒くわけではありません

し、どこかの企業に直接お金を融資するわけでもありません。あくまでもマネタリーベース、すなわち日銀が供給する通貨の量を増やすというのは、市中の銀行に対してお金を供給することに他なりません。

銀行から先にお金が出て行かないことには、世の中全体にお金は回らないのです。

お金の量を表す統計としては前述のマネタリーベースに加えて、マネーストックという指標もあります。

用語解説

**マネーストック**

世の中に出回っているお金の総量のことで、通貨残高ともいう

マネタリーベースが単純に日銀の供給するお金であるのに対して、マネーストックはそのお金が預金や貸し出しといった金融行動を通じて何倍にも増えて世の中全体で流通しているお金の総量を表しています。

マネタリーベースは確かに2倍以上になりましたが、マネーストックはそれほど増えていないのです。さきほどと同じ基準で言えば、異次元緩和が始まる直前の２０１３年3月に約１１４１兆円だったマネーストック（Ｍ３）は、２０１５年5月現在で１２２１兆円にしかなっていません。

銀行にはたくさんお金がいっているけれど、そのお金が何倍にもなって世の中に出回る

ということがおこなわれていないのです。

用語解説

M3《エムスリー》　マネーストックの統計に使われる数字で、現金通貨と預金通貨、および準通貨（定期預金、定期積み金、外貨預金などのこと）、CD（譲渡性預金）の合計

これは企業が積極的に設備投資をしていなかったり、成長分野にお金を回したりしていないことも大きな理由です。結果として世間一般での金余り感やダブつき感といったことがあまり感じられず、「金余りというけれど私のところにはお金が来ない」という印象が生まれてくるということなのでしょう。

金融はあくまでも実体経済を支える血液の役割です。単にお金の量を増やしてもある程度までは元気になることはできても、やはり経済自体に高い成長性がなければ拡大していくことはありません。

LESSON

# 4

# モノやお金を交換する

貿易

LESSON4

THEMA 1

# なぜ、貿易が必要なのか？

## 何でもある国と何にもない国

貿易というのは国や地域同士がモノやお金を交換することです。ただ、交換が成立するためには必要な条件があります。

それは〝双方にとって**得になる**こと〟あるいは、〝双方が互いに**得になると思う**こと〟です。でなければ貿易する意味がありません。近代貿易の概念は「各国の自由な貿易は貿易の当事者双方にとって得である」というものです。

ごくシンプルに言えば、自分のところで持っているものを売って、持っていないものを買うということになるわけで、そもそも当事者双方にとって得にならなければ、交換というのは成立しないのは当然です。

ところが、ここで非常にシンプルな疑問が出てきます。世界にはいろんな国がありますが、ほとんど何でも持っている国と何も持っていない国があるのではないか、ということです。たとえばアメリカには何でもありますが、生活必需品すら困窮している国もあると言われています。

こういう二つの国の間では貿易が成立するのでしょうか。何でも持っているアメリカはあまり持っていない国からは何も買うものはないのだから、二国間での貿易は成立しないのではないか、ということです。

## 錦織圭選手と秘書の関係

これは、経済学の「比較優位」という考え方で説明できます。

アメリカの経済誌『フォーブス』が2015年の6月に発表した「世界で最も稼ぐスポーツ選手」2015年版ランキングによればテニスの錦織圭選手は約23億円の収入があるそうです。これを時給に換算するといくらぐらいになるでしょう。試合だけではなく毎日の練習も含めれば、恐らくほぼ毎日ラケットを握っているはずです。

仮に1日5時間練習したとして、350日程度テニスをしたとすれば年間で1750時間、23億円の年収で割り算すれば、時給は131万円くらいになります。

一方、彼に秘書のタイピストがいるとします。秘書は契約書類を作ったりしますが、時給が5千円だとしましょう。ところが錦織選手は実はタイプも大変得意で、秘書よりも優秀で良い仕事ができるため、錦織選手がタイプを打てば時給が1万円稼げるとします。

この場合、テニスをやってもタイプを打っても、錦織選手の方が腕がいいので、これは錦織選手が**絶対優位**の状態にあると言います。でも錦織選手の持っている時間は限られています。彼は1時間テニスをすれば131万円稼げるのに、もしその時間をタイプに使ってしまったら1万円しか稼げないので明らかに損です。

それなら秘書に5千円を渡してタイプしてもらい、自分はその時間、テニスの練習をした方がはるかに効率は良いでしょう。この場合、秘書のタイピストはタイプを打つという業務について**比較優位**の状態にあると言います。

この比較優位という考え方は18世紀のイギリスの経済学者、デヴィッド・リカードという人が唱えた説で、自由貿易のもとになる考え方と言われています。

**デヴィッド・リカード**（1772-1823）

イギリスの経済学者でアダム・スミスと並ぶ古典派経済学の重鎮。自由貿易を擁護するための理論「比較生産費説」を唱えた

貿易を考える場合にはこの「比較優位」という考え方を理解しておくことがとても重要だと言えるでしょう。

THEMA

2

# 国と国とのやりとりは貿易だけではない

## 国の家計簿 ― 国際収支

国と国とのモノの交換、貿易はなぜおこなわれ、一体どういう意味があるのか、おわかりいただけたと思います。ところが国同士の「交換」というのは貿易によるモノのやりとりばかりではありません。

国家間のお金の貸し借りや投資など、国も個人と同じように経済活動の主体ですからさまざまなやりとりが起こってきます。

そうしたモノとお金のトータルなやり取りをあらわしたものを**国際収支**と言います。国として一年間の収支計算をおこなうものなので、簡単に言い換えれば国の家計簿と言っても差し支えないでしょう。

国際収支はさまざまな要素に分解することができます。**図7**をご覧いただきたいのですが、大きく分けると「経常収支」と「金融収支」に分かれます。

他に「資本移転収支」という項目もありますが、これは海外で道路を作ったりする場合の無償援助などの項目です。

経常収支というのは、国同士のモノやサービスのやりとりから生まれる収支を表したもので、企業で言えば本業で稼いだ利益とそのために使った費用の差引ということになるでしょう。一方、金融収支というのはお金のやりとりの結果ですから、これも企業を例に例えると、資金を調達してきたり、余裕資金を運用に回したりする金額の差引ということになります。

経常収支の「第一次所得収支」という項目は、今までに海外へ投資したり出資したりしたお金が生み出している配当や利息、逆に海外から日本への投資に対して日本が海外へ利息や配当を支払ったお金の差引です。

つまり金融収支に表されるお金のやりとりの結果、累積されてきた金融資産や負債から生まれるものです。家計で言えば、ローンの金利支払いと定期預金や投資信託などの利息・分配金を差し引きしたようなものです。一方、「第二次所得収支」の方は、援助や無償の輸出など、対価を伴わないお金の移転です。

貿易によるお金の出入りは、「経常収支」の中に含まれます。これが図7の中にある

「貿易収支」といわれるものです。貿易収支というのは日本から輸出した金額の総計と日本へ輸入した金額の差額ですから、これが黒字になっているというのは輸出の方が多かったということになりますし、赤字の場合は輸入の方が多かったということになります。

経常収支の中では、実際に形のあるモノを動かす「貿易収支」が大きなウェイトを占めますが、「サービス収支」も近年、その比率が高まってきています。具体的な項目としては保険、金融、通信、輸送、特許権、ソフトウエアといった分野です。

日本は長い間貿易収支は黒字でしたが、サービス収支は赤字でした。

アメリカの場合、貿易収支は巨額の赤字ですがサービス収支は大幅に黒字です。やはりアメリカの金融やIT、それもマイクロソフトやアップルなどのソフト産業は強いということがここからもわかります。

こうした国際収支の動向は経済全体の動きには非常に大きな影響を与えます。

図07 国際収支の構造

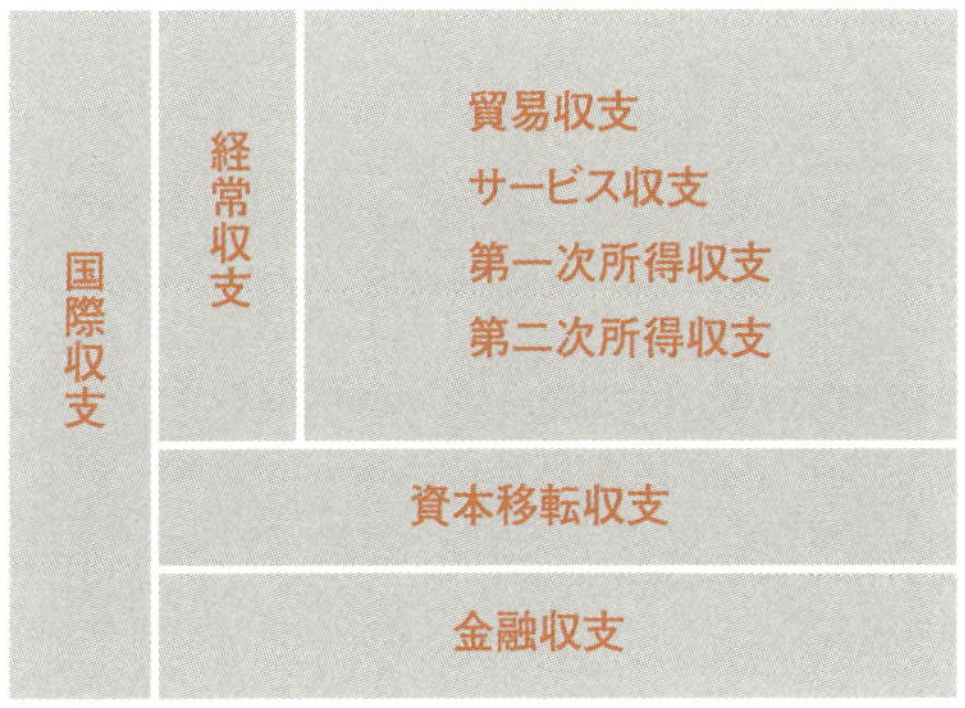

## 貿易収支が影響を与えるものは？

国全体の経済を考えれば、経常収支というのは当然黒字の方が良いわけですが、必ずしもそうではない場合もあります。１９８０年代に日本のアメリカに対する巨額の貿易黒字によって日本に対する厳しいバッシングが生まれ、日本の輸出産業に対してさまざまな制裁条項が生まれました。

あまりにも一方に偏った黒字化というのは経済的な面だけのことではなく、政治問題化するリスクも起こり得るということです。

こうした政治的な影響というのもありますが、もっと直接的な経済への影響もあります。それは為替です。貿易収支が黒字になるということは輸出の方が多いわけですから、海外から受け取るお金のほうが、海外へ支払うお金よりも多いということになります。通常、貿易で決済されるのは国際決済通貨であるドルが多いですから受け取ったドルを売って円を買う必要が出てきます。結果として円高になるという影響が出てきます。

逆に貿易収支が赤字ということは、輸入が増えるので持っている円を売って支払いのためにドルを買うことになります。この場合は円安の要因です。

これらは貿易収支の結果が為替にもたらす影響ですが、逆に為替が貿易収支に影響を与えるということも起こり得ます。次は貿易と為替の関係についてお話ししましょう。

THEMA 3

# 為替はトール・ラテの値段でわかる

## え！ 1ドル＝360円？

貿易や国際金融取引といった国を越えての取引をする場合に必ず考えておかなければならないことがあります。それは外国為替です。

そもそも外国為替とは一体何なのかをまず考えてみましょう。

通貨というのは、国によって異なります。

アメリカではドル、欧州はユーロ、中国は人民元、そして日本は円です。ユーロのように地域で統合された通貨がありますし、米ドルのように米国以外でも直接使える場合もありますが、ほとんどの場合、通貨は一つの国の中でしか通用しないのが普通です。

したがって異なる国同士でやりとりをするには自国の通貨を他の通貨に替えなければなりません。海外旅行に行く時でもそうですよね。成田や関空で行先の国の通貨に両替をしていきます。このように異なる通貨を交換することを**「外国為替取引」**と言うのです。

さらに交換するにあたっては交換比率を決めておかなければなりません。これが「為替レート」です。1ドル＝120円とか1ユーロ＝135円という具合に交換比率が決まっています。さらにこの交換比率は常に変動しています。

昔はこの比率が固定されている時代がありました。円とドルの交換比率で言えば、第二次大戦後から1971年までは、ずっと1ドル＝360円で固定されていたのです。

ところが1971年の8月15日、当時のアメリカのニクソン大統領が「新経済政策」を発表しました。その中で非常にショッキングだった出来事が「金とドルの交換停止」です。

それまで1オンス＝35ドルというレートでいつでもドルを金に交換すると言っていたアメリカが、それをやらなくなるというのですから、当然ドルの値打ちは下がります。

当時、財政と貿易の赤字が拡大していたアメリカが狙っていたのはドルの水準を下げることでした。自国の通貨が下がることで輸出が有利になり、貿易収支が改善するからです。

これは**ニクソンショック**と呼ばれており、これ以降、円とドルは調整時期を経て変動相場の時代に移ります。わが国において、為替レートが注目されるようになってきたのはこれ以降のことです。

では、為替レートは一体どういう理由で変動するのかを考えてみましょう。

## iPhone6s、日本とアメリカでの価格の違い

為替レートがどういう原理で変動するのか、を考えた理論には昔から代表的なものが二つあります。一つ目は国と国との為替レート（交換比率）は「自国通貨と外国通貨の購買力の比率によって決定される」というものです。

これだけでは何のことかさっぱりわかりません。そこでもう少し具体的に説明します。たとえばアメリカと日本で全く同じ製品が売られていたとします。ここでは関税とか小売業者の利益とかそういうものは一切無視して、裸の価格として考えます。

全く同じものなのですから理屈の上では、世界中どこで売っていようが同じ価格になるはずです。これを異なる通貨同士に当てはめるのです。

たとえばiPhone6sがアメリカでは650ドルで売られているとします。

全く同じ機能を持つ同じiPhone6sが日本では8万円で売られているとしたら、どちらも同じ製品ですから価値は全く同じはずです。とすると理論的にはiPhone6sという製品を通じて650ドル＝8万円という等式が成り立つと考えられます。

さて、計算してみると8万円／650ドルですから、1ドル≒123円となります。すなわち実際に売られている物の値段を異なる国で比較することによって交換比率が決定されるという考え方です。これを**購買力平価説**と言います。この考え方によれば、理論的には、国内でも海外でも、同じ製品の価格は同じ価格で取引されるはずです。

したがって二つの国の通貨間の交換比率である為替レートはその二つの国でそれぞれ売られている同じ商品を同じ価格にするように調整されるという考え方です。

このiPhone6sの場合で言えば購買力平価で計算された適正な為替レートは1ドル＝123円であり、もし実際の為替レートが130円であれば円は安過ぎるので今後は円高方向に向かうと予想されますし、逆に1ドル＝110円だとすれば、円のレートは高すぎると判断されるといった具合になるわけです。

## ビッグマックとトール・ラテ

購買力平価説というのは1920年代から唱えられてきた考え方ですが、実際に〝ある商品〟の各国での価格を使って算出された有名な指数があります。それが英国の経済誌『エコノミスト』が1986年から算出して毎年発表している**ビッグマック指数**です。

マクドナルドが販売している「ビッグマック」は全世界でほぼ同じ品質（実際には各国で多少異なるようですが）のものが販売されています。

そしてこれを作るための原材料費、店員の人件費、不動産費など、さまざまな要因を元に価格が決定されるため、その国の物価を反映した購買力の比較に使いやすかったということから作り出された指数であると言われています。

これも先ほどのｉＰｈｏｎｅ６ｓの場合と同様、アメリカと日本での販売価格を比較することで、それぞれの国の購買力、そして為替レートを決定しようとするものです。

さらに最近では同じ『エコノミスト』誌が発表している「トール・ラテ指数」というものがあります。これも名前からわかるようにスターバックスが提供しているカフェ・ラテのトールサイズの価格を各国別に調べて算出しています。

ところが、こうした購買力平価指数には、さまざまな問題点もあると言われています。たとえば、各国毎に異なる消費税が考慮されていませんから、間接税が高い北欧等は恒常的に高価格になっていますが、これについては補正されていません。

用語解説

**間接税《かんせつぜい》**
税金を負担する人と納める人が異なるしくみの税金を間接税という。具体的には消費税や酒税などがこれにあたる

また原材料である農産物の価格にはその国の農業政策による補助金などが影響している場合がありますが、これも考慮されていません。さらにたった一つの商品で厳密な比較を

おこなうこと自体がそもそも無理だということもあります。

現実にビッグマック指数とトール・ラテ指数では結果が逆になっているといった場合も生じています。

したがって、こうした指数は、おおよその為替水準を見る場合の一つの参考にはなるでしょうが、あまり厳密に判断の材料とするには適さないと言っていいでしょう。

為替レートが変動する理由を考えた理論の二つ目、それは次の節でお話しする「金利」です。

THEMA 4

LESSON4

# 海外の高金利債券は意味がない!?

## これじゃあ世界中のお金がアメリカに行っちゃう!!

為替レートがどういう原理で変動するのか、を考えた理論、二つ目は「金利」です。

これは特に現物で行われる為替取引の場合の為替レートと、先物で行われるそれとの間の為替レートの差を説明するものとして良く使われています。

これも言葉で説明するだけではわかりづらいので実際の例を使って考えてみましょう。わかりやすくするために極端な例でお話しします。実際の数字やレートとはかなりかけ離れていることをご承知ください。

今、日本の1年物の債券金利が仮に年利1％、アメリカの同じ1年物の債券金利が年利5％だったとします。

用語解説

**債券金利《さいけんきんり》**
債券についている利息、およびその利率のこと

そして仮に今の為替レートが1ドル＝100円だとすると、日本の債券を100万円買うのとアメリカの債券1万ドルを買うのはまったく同じ金額ということになります。これが前提です。

現在、取引がおこなわれている為替レートを「直物《じきもの》レート」と言いますから、為替の直物レートは1ドル＝100円ということです。これに対して1年後に決済する取引を「先物取引」と言い、その時に適用されるレートを「先物レート」と言います。

先物取引がおこなわれる目的の一つは保険です。1年後に決済する時の為替レートが全くわからないということになるとリスクがありますから、そのリスクを無くすためにあらかじめ1年後に決済するレートを今から決めておく（保険をかけておく）のです。

このように将来の為替変動による損益が生じないように保険をかけることをヘッジと言いますが、為替取引において保険をかけることを**「為替ヘッジをおこなう」**と言います（この説明はわかりやすくするために色々な前提を省略したり、実際とはやや異なる

説明になっていますが、あくまでも原理を学ぶために簡略化しています）。

日本の債券を買った場合の金利は1％ですから、もし100万円を買ったとしたら1年後の元利合計は101万円になります。これに対してアメリカの債券金利は5％でしたから、仮に1万ドル買っていたら1年後の元利合計は1万500ドルです。

ここで、もし1年後に決済する為替レート（先物レート）も1ドル＝100円のままだとしたら、アメリカの債券を買っていれば105万円になりますから、確実に日本の債券よりも儲かります。世界中のお金はみんなアメリカの債券に流れてしまいます。

もっと言えば日本でお金を借りて（何せ金利1％ですから）そのお金でアメリカの債券を買えば確実に儲かるということになってしまいます。

ところが、世の中にうまい話はありません。そうならないように為替の先物レートというのは決まるのです。

## 為替レートは世の中にうまい話が起こらないように決まる

では、具体的に為替の先物レートというのは一体どのようにして決定されているのでしょうか。簡単に言ってしまえば〝世の中にうまい話が起きる〟ことのないように決まるのです。

どういうことかというと、もし1年後も1ドル＝100円のままなら、あきらかにアメリカ債券を買った方が得になってしまいますから、アメリカ債券を買っても日本債券を買っても結果は同じ金額になるように為替レートが調整されるのです。

したがって、いくら高金利と言われる海外債券を買っても為替ヘッジをすれば全て日本の金利と同じになるということです。

今回の例で言えば、1年後の日本債券の元利金101万円とアメリカ債券の元利金1万500ドル、どちらの通貨をどちらの通貨に交換しても手にする金額は同じになるように為替レートが決まるということです。具体的に計算してみましょう。

1ドル＝（101万円÷1万500ドル）＝96円19銭となります。すなわち1年後の1万500ドルを円に換える時の為替レートが「96円19銭」ということになります。この金額が1年後の先物レートです。

この考え方をまとめてみると「二つの国の間の金利の差が為替レートを決定する」ということになります。もう少し正確に言えば「金利差が直物と先物の為替レートの差を決定する」ということです。

前節でお話しした「購買力平価説」というのは〝二つの国の間の物価を比較することで為替レートが決まる〟というものでした。今回のように〝二つの国の間の金利の差によって為替レートが決まる〟という考え方を**「金利平価説」**と言います。

購買力平価説が必ずしも理論通りにならなかったように、この金利平価説も必ずここで説明した通りになるというわけではありません。その理由は、実際に為替レートを決定している要因にはさまざまなものがあるからです。

## 実際に為替レートを動かす要因は？

では、実際に為替レートを動かしている要因にはどんなものがあるのでしょうか。四つの要因にまとめてみました。

**①国際収支**

まずは国際収支によるものです。4−2（135ページ）でもお話ししたように国と国との間ではモノや金の取引が頻繁におこなわれています。輸出が増えたり、逆に輸入が増えたりすることで外貨を増やしたり減らしたりすることが出てきます。つまり外貨に対する需要の増減が生じますから為替レートには影響を与えることになります。

**②経済の基礎的条件（ファンダメンタルズ）**

経済の基礎的条件とはその国の成長率や景気、金利水準、あるいは財政状況も大きく影響をしてきます。基本的にはこうしたファンダメンタルズと言われているものが良好な国の通貨ほど高いわけですが、このようなデータがアナウンスされただけで為替相場には影響が出てきます。特に最近ではアメリカの雇用統計のような数字は景気に大きな影響を与えるため、重視される傾向があります。

### ③政策

各国の政府が打ち出す政策も為替相場には大きな影響があります。前述のニクソンショックなどはその典型的な例で、それまで1ドル＝360円だった円相場はその2年後に260〜270円台まで円高になりました。同じように政府の声明で為替相場が大きく動くということはよくあることです。

### ④短期的な資金の流れ

主に先物取引などを利用して、短期の売買による利ザヤ獲得を目的とした投資家のことを〝投機筋〟といいます。外国為替取引では投機筋による短期の売買が全体の取引の約8割を占めているため、投機筋の動きには注意が必要と言えます。

これらの要因の内、特に③と④は予測するのが難しいものです。にもかかわらず、短期の為替取引であるFXや為替ヘッジを使った資産運用が人気を集めています。

そこで、次にこうした為替変動を利用した金融商品について、不用意に手を出して損をすることがないよう、いくつかの注意点についてお話をしたいと思います。

THEMA 5

# FXって儲かるの？

## FXをやったことがありますか？

みなさんはFXという言葉を聞いたことがありますか？　あるいはFX取引をやったことがありますか？

FXというのは**「外国為替証拠金取引」**のことです。前節でも為替取引についてお話をしましたが、外国為替取引をおこなう場合の目的はいくつかあります。

1. 海外旅行などの場合に外貨へ両替する
2. 輸入業者等が海外から輸入したものに対する支払い

3．同じく輸出業者等が外貨で受け取った代金の両替
4．モノと金のやりとりに時間差がある場合のヘッジ
5．外国証券や海外事業への投資

主なものはざっとこんなところで、これらはそれぞれに異なる目的の利用方法なのですが、一つ共通点があります。それはいずれも為替取引が実際の経済取引の裏付けがあって、その取引のために補助的に利用されているということです。

ところがFXというのはこれらの取引とは全く性質が異なります。我々日本人から見て外国の通貨、たとえばドルやユーロといった外国通貨それ自体を一つの金融商品として売買の対象にするのです。さらに業者に担保として証拠金を積むことで、自分が持っているお金の何倍もの規模の取引をおこなうことができるしくみです。

**2－1**で「投資」の基本的な考え方について説明しましたが（66ページ）、基本的に投資は投資対象が成長することを期待し、それが生み出す新たな価値を源泉とする利益を求めていく性質のものです。

FXの場合は単に短期的な値動きを追いかけて利ザヤを稼ぐということが目的ですから、これは投資というよりもむしろ投機に近いものです。もちろん私は投資が良いことで投機は悪いことだとは思いません。投機によって取引高が増えることで流動性が高まり、公正な価格形成が行われます。すなわち、投機も市場価格形成には大きな役割があるので

す。

ただ、ＦＸはあくまでも短期の投機的な取引であることは間違いありませんから、その特徴をよく理解した上で取引することが大切なのです。にもかかわらず、どうやら世の中一般ではこのＦＸ取引がかなり誤解されて使われているようです。

## え！　手始めにＦＸ……？

先日、ある会合で40代半ばの女性の方とお話ししていたのですが、その方は「老後のことをそろそろ考えて老後資産を準備しなければいけないので、少しは投資をやってみたいと思っています」と話し始めました。

ここまでは良いのですが、次にそのご婦人のおっしゃった言葉に驚きました。「それでまずは手始めにＦＸからやってみようかと思うんですよね」……。

あとになっていろんな人に聞いてみると、こういう人は意外に多いそうです。確かに書店に行くと、投資のコーナーには株式以上にＦＸに関する本がところ狭しとならんでいます。

私のように長年にわたって資産運用や投資の世界で生きてきた人間にとっては、投資を始めるきっかけがＦＸというのは、かなり違和感があります。私はある時、株式投資はやっていないけどＦＸをやっているという女性の人に「なぜＦＸで投資をやっているのですか」と聞いてみました。その方の答えはこうでした。

「だって株式ってよくわからないですよね。でもドルやユーロなら海外旅行に行く時に使うのでとてもなじみがあるから」。私はこの答えを聞いて、これは行動経済学で言う、**「利用可能性ヒューリスティック」**の典型だと思いました。

利用可能性ヒューリスティックというのは頭に思い浮かびやすい、目立ちやすい特徴や手がかりだけで判断しがちな心理のことを言います。

たとえば飛行機事故が起こると、「やっぱり飛行機は怖い」と思って途端に飛行機の利用客が減ります。ところがよく知られているように実際に事故が起こって死亡に至る確率は飛行機よりも自動車の方がずっと高いのです。ところが飛行機事故が起こった時の悲惨な光景が強く印象に残ってしまうために、自動車には感じない怖さを飛行機に感じてしまうというわけです。

これは海外旅行で外貨を使うからということで、外貨を身近なものと感じる心理とよく似ています。つまり外為投資についてのしくみやリスクを正しく理解せずに手を出してしまいがちになる、というのも利用可能性ヒューリスティックと言えます。

確かに海外によく行く人はドルやユーロはなじみがあるし、〝知っている〟ことは事実ですが、その価格変動のメカニズムやそれに投資をすることでどれくらいの損益が生じるのかを〝理解している〟のとはまったく別の話です。

## 外貨を資産として持つならＦＸではない

外為取引というものは、その通貨を長期に保有していれば、誰でも利益が出るという性格のものではありません。**誰かが儲ければ、その裏側では必ず誰かが損をする、すなわちゼロサムゲームとしての側面が強い**ものなのです。したがって、運用はどうしても短期かつ投機的になりがちです。もちろんこういう取引が悪いというつもりはありませんが、少なくとも老後の準備に向けた資産作りは長期に実践していくべきものですから、その手段としては最適であるとはとても思えません。

「ドルやユーロは海外旅行でなじみがあるから」という程度の理由で始めたのではリスクが大き過ぎます。

資産運用の一環として通貨分散することは必要ですが、その場合は外貨預金や外貨ＭＭＦ、あるいは直接海外の株式や外貨建て投資信託を買えば済むことです。

プロと言われている人たちだって、短期的な外為取引で継続的に利益を上げることはなかなか困難です。なぜならきわめて偶然性が左右する取引だからです。為替相場は政策や投機筋の動きにとても大きな影響を受けます。

　個人の場合、投機的なマネーゲームとして楽しむのであればともかく、長期的に資産形成を考える運用の手段として考えた場合、ＦＸは適切ではないと思います。

　本質的な意味をきちんと理解しておくことが外国為替で損をしないようにするためには必要です。

LESSON

5

# 国家が破たんするとき

財政

LESSON5

THEMA 1

# なぜ税金を払うのか

## 水道から水が出てくる、これって一体誰がやってるの？

さて、いよいよ最後の章にきました。

ここまでは、私たち個人や会社を取り巻く経済活動について、いろいろな角度から考えてきましたが、最後は国や地方が主体となっておこなっている経済活動についてお話ししたいと思います。

私たちは普段何気なく生活している中であまり気にしていないことがたくさんあります。たとえば、蛇口をひねるといつでも水が出てきます。一定の年齢になれば誰もが小学校に行きます。自分たちの住んでいる街に犯罪が起こらないように警官がパトロールしています。さらに気がつくといつの間にか道路がきれいになっていたりします。

これらのことは一体誰がやっているのでしょうか。その多くは国であったり、あなたが住んでいる市町村だったりします。ではその費用は一体誰が出しているのか。それはあなた自身が支払っているのです。その費用が税金です。

サラリーマンであれば、多くの人は給料から自動的に天引きされているのであまり意識することがありませんが、国に納める**「所得税」**とあなたが住む市や町に納める**「住民税」**が主なものです。その他にも消費税とか、酒税とかいろいろなものに税金がかかっています。

## 税金は生協と同じ？

税金は一体どんな目的でどのように使われているのか。人間は自分自身で稼いで暮らしを立てていると思いがちですが、何でもかんでも個人でやるというのは非常に非効率だし、不経済です。

国を守る自衛隊は、外国の侵略から日本を守るだけではなく、地震や台風といった大きな災害が起きた時も救助活動をおこないます。また、私たちの生活の安全を守ってくれる警察官や消防士もとても大切な存在です。

こういう人たちを個人で雇うわけにはいきません。身近な生活で言えば、上下水道やゴミの収集だって同じです。こういう公共サービスと言われるものを挙げていけばキリがありません。こうしたサービスはすべて税金で人を雇っておこなわれているのです。

このように人間が生活をしていく上で安全を確保し、便利で快適な生活を送れるようにするには、個々人でやるよりもみんなで少しずつお金を出し合って共同で負担したほうが良いことがたくさんあるため、税金というしくみでまかなわれています。

全国の生活協同組合みたいなもので、一人一人の単位は小さいけれど、まとまって大きくなることで、より質の高いサービスを効率よく受けられるようにするしくみが「税」であり、その税金を国家で管理するしくみが「財政」なのです。

## 税で大切なことは〝徴収〟と〝分配〟が公平におこなわれること

国家の財政というのは、税金というしくみを使ってみんなからお金を徴収し、それをみんなのために使うというのが目的です。その徴収したお金をどう使うのか（＝どのように分配するのか）を考えるのが政治家の役割であり、それを実行するのが役人（＝官僚）です。法律の多くもそのために定められるのです。

突き詰めて考えれば、**税金というのは壮大な「徴収」と「分配」のしくみ**です。これがいかに効率よく、しかも社会全体から見て公平におこなわれるかということが大切なのです。

たとえば徴収について言えば、日本の税金は所得が多い人ほど、納める率が高くなります。年収が2倍になったら税金も2倍ということではなく、多くの場合は2倍以上になります。これを**税の累進性**と言います。これが公平かどうかについてはいろいろな意見がありますが、少なくともたくさん稼いでいる人には応分の負担をしてもらおうということから一定の公平性はあると言っていいでしょう。

さらに家を建てた人は返済の負担が大きくなるから税金を少し軽くしてあげようとか、子供がたくさんいる家庭も家計が大変なので税金が少なくなるようにするといったさまざまな配慮がされています。

分配について言えば、社会的に弱い立場の人や病気で生活が苦しい人などにお金を回してあげるしくみもあります。これには税金だけでなく、社会保険というしくみも使われています。お金をどう徴収し、そのお金をどう使うかを決めるのが政治家だからこそ、私たちは誰を政治家にするのかを選ぶ権利を持っているのです。

## 〝取られる日本〟、〝支払うアメリカ〟

私たち日本人は、税金に対する意識が他の国に比べると低いような気がします。よく「税金を取られた」とか「取られる」と言いますが、これはお上が主体となって、我々〝民〟から吸い上げるというイメージがあります。ところがアメリカでは多くの場合、税金は「取られる」という感覚ではなく、「支払う」という意識が強いようです。

私の長女は高校の時にアメリカ、ニュージャージーの高校に1年間留学していましたが、アメリカではどこの学校でも「国旗に敬意を払え」と「税金をきちんと支払え」ということを教えると聞きました。ここでの主体は国や市町村ではなくて、「我々」です。〝国に税金を取られる〟のではなくて〝我々が税金を支払う〟という意識です。

アメリカ人がよく言うのは〝As a tax payer〟という言葉です。「納税者として」あるいは「税金を払う者として」という意味です。つまり国民の義務としてこれだけの税金を払っているのだから、当然権利として意見も言うし、その税金の使い途についてもきちんと開示することを要求するということです。

これは考えてみれば当たり前のことです。近代国家というのは主権在民ですから、税金を払うという義務を遂行するのは当然であるとしてもどうやって使うのかに注文をつける権利も当然あるはずです。

**用語解説**

**主権在民《しゅけんざいみん》**
国家の主権が国民にあること。日本では憲法に規定されている

にもかかわらず、なぜ日本ではそういう意識にならないのか。この章ではその理由と、税金というものを自分で意識するにはどうすればいいか、そして実は税金の使い方を自分で指定することができる制度があるということを紹介していきたいと思います。

THEMA

LESSON 5

# 2 税のしくみを手っ取り早く理解する方法

## 〝源泉徴収〟は最高のビジネスモデル

なぜ、日本人は、税に関して無関心なのか。

普段はほとんど税金のことを意識しないのに消費税増税という報道の時だけ、なぜか敏感になる、税務署や行政は本質的に悪だ、みたいな意識が普通一般の人の共通認識のような気がしてなりません。特にサラリーマンにおいて〝税への無関心〟は顕著に見られます。この理由はなぜなのでしょうか。

私は最大の理由は**「源泉徴収制度」**にあると思います。自営業の人が自分で申告して税金を納めるのに対して、サラリーマンは会社が各自の税金額を計算して源泉徴収し、税金を納めます。

税金というのは収入に対してかかるものですから、1年が終わってみないと正確な税額はわからないため、あらかじめ一定の金額を予想して毎月の給料から天引きされますが、その年の最後に過不足が生じた場合には調整してお金が戻ってきたり、追加で支払ったりします。これが年末調整で、これも全部会社が計算してくれます。

これを読んでいる読者の方で源泉徴収票の中身を全部自分で説明できるという方が一体どれくらいいるでしょうか。

給与天引を活用した源泉徴収システムというのは明らかにサラリーマンから税や社会保険に対する思考を奪っているように思えます。

どれだけ引かれていても黙っていて、文句を言ってもしょうがないと思っている人が多い。源泉徴収というのは徴収する側から見れば最高のビジネスモデルと言えるでしょう。

ところが、やり方によっては払い過ぎた税金が戻ってくる場合もあります。そのために必要なのは自分できちんと申告するということです。

サラリーマンの場合は、源泉徴収と年末調整で大半が終わることが多いでしょうが、会社があなたのお金の流れや生活をすべて把握しているわけではありませんから、翌年に自分で確定申告をすることで税金が戻ってくることもあるのです。

# 源泉徴収票を取り出して見てみよう

では、サラリーマンなら誰でも年末に貰う「源泉徴収票」の中身を見ながら、どんなプロセスで税金がかかってくるのかを見てみましょう。

ここでは、自分で申告をするためのごく初歩的な知識について解説します。

まずは、源泉徴収票の見方からです。サラリーマンに毎年、年末調整と一緒に配られるのがこの源泉徴収票です（**図8**）。ここには一体何が書いてあるのでしょうか？ 重要なところは、①〜④です。簡単に解説していきます。

まず①は収入総額、すなわち年収です。毎月の給料とボーナスがここに入ります。

次に②ですがこれは所得です。収入と所得は一体どこが違うのかということですが、自営業で言えば収入を得るためにはさまざまな経費が必要です。サラリーマンの場合は経費というのが認められていない代わりに「給与所得控除」という

**図08 源泉徴収票の項目**

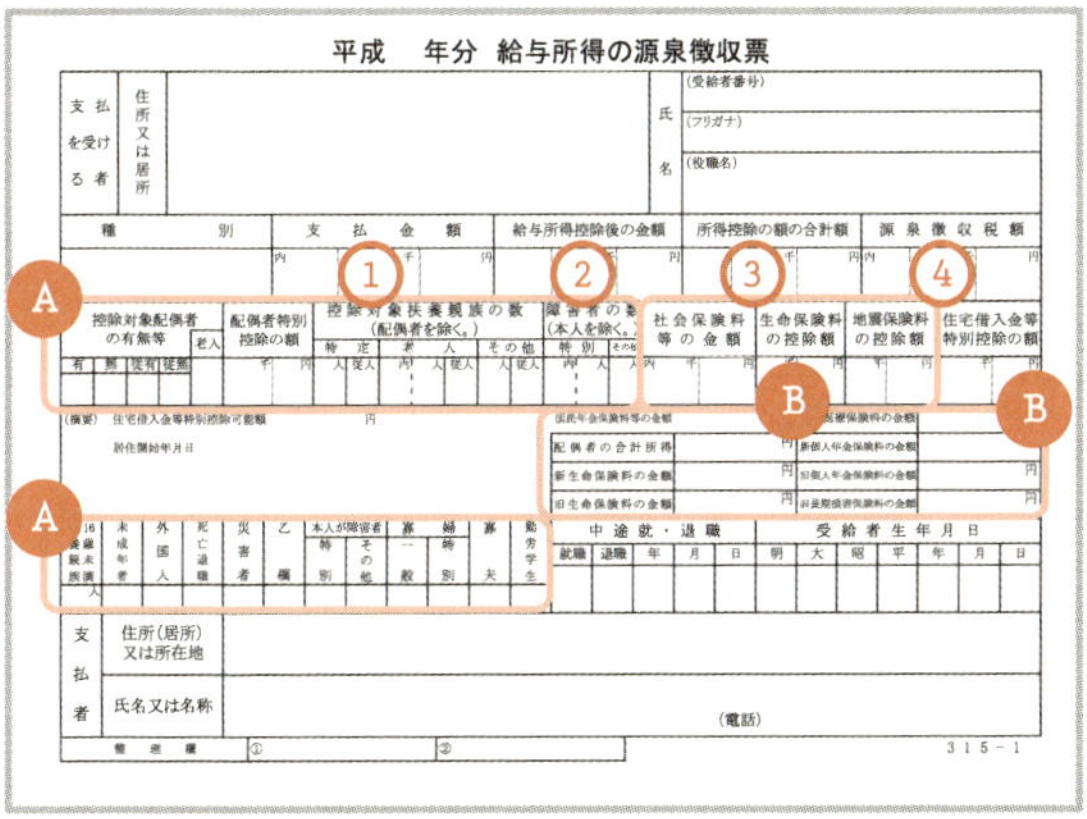

ものがあります。

これがサラリーマンにとっての経費になるわけで、その給与所得控除を引いたものが「所得」です。

ところがこの所得に対して税金がかかるわけではありません。ここからいろいろな控除が引かれて「課税所得」という金額が計算され、それに対して税金がかけられるのです。③はそういった〝いろいろな控除〟の金額を合計したものです。

控除にはいろいろな種類がありますが、源泉徴収票に載っているのは大きく分けるとA＝人に関する控除と、B＝保険等にまつわる控除になります。

このようにして②所得から**③所得控除**の合計を引いたものが「課税所得」で、これに対して税金がかかるのです。その税金の額が④源泉徴収額になります。この全体の流れを知るだけでも税の基本のかなりの部分が理解できますが、さらに確定申告をすればもっといろいろなことがわかります。

この源泉徴収票には出てきませんが、年間10万円以上の医療費を使った場合は医療費控除が受けられますし、どこかに寄付をした場合も寄付金控除が受けられます。

これらの各種控除が③にプラスされますので、税金がかかる対象金額自体はさらに少なくなります。もっと強烈なのは、こういった各種控除を引いた課税所得を元に計算した税金そのものから直接税金を減額できる「税額控除」という制度もあります。住宅ローン控除・配当控除・政党等寄付金特別控除などがそれで、一定の要件を満たした場合にはダイレクトに税金が減るという大きなメリットがあるのです。

これらの内容については会社は知りませんから、自分で確定申告をするしかありません。その結果、さらに税金が戻ってくるということも十分にありえます。

## もっと恩恵を受けられるのに、なんてもったいない

このように源泉徴収票の意味をきちんと理解することがステップの第一歩、次に実際に自分で確定申告をしてみることによって、より税の全体像が理解できるようになります。払う税金が少なくなるのはありがたいことですが、社会を構成する一員として、税は自らに誇りを持って負担するのだという心意気も大切です。

確定申告をすることによって税に対する関心が高まることはとりもなおさず、その使い途を決定する政治に対しても関心が高まるわけですから、素晴らしいことと言えるのではないでしょうか。

LESSON5

THEMA 3

# 税金の使い途を指定する方法

## 寄付は税金の使い途を指定することと同じ

税金を負担する納税者としては、徴収された税金がどのように使われているか関心を持つべきだと言いました。

でも実際には税金の使い途を監視すると言ってもなかなか難しいのが現実です。自分が納税したお金と国や地方自治体が行政において支出する金額ではあまりにケタが違い過ぎて、自分のお金がどう使われているかを把握するのはまず無理でしょう。

ところが、誰でも自分が納めた税金の使い途を簡単に指定することができる方法があるのです。それは寄付をすることです。

個人で寄付をおこなった場合、税金が安くなるというしくみがあります。これは「寄

**付金控除」**と呼ばれているもので、個人が公益団体などに対して寄付をすると所得税や住民税のうち、寄付した額について所得控除あるいは税額控除が認められる制度です。

これによって確定申告をすれば納めるべき税額が少なくなり、税金が還付されることがあるのです。でも税金が戻ってくることが一体どうして税金の使い途を指定することになるのでしょう。

一般的に寄付金控除を使った場合、寄付した金額の何割かは戻ってきます。あなたが東日本大震災の被災地に10万円寄付して、そのうち5万円が戻ってきたとしましょう。この場合戻ってくる5万円というのは国の税金からあなたに支払われます。

あなたは実質的には5万円しか負担していませんが、被災地には10万円が届いています。差額の5万円は国の負担ということになりますね。言い換えればあなたが寄付をしたことによって国は5万円分を被災地に使うことになるわけですから、税金の使い途を指定したのと同じということになるわけです。

## ふるさと納税って、納税？ それとも寄付？

ただ、寄付といっても具体的にはどこへどうすればいいのかが良くわからないと言う人が多いと思います。慈善団体を装ったいかがわしい団体もあるようですので、よけい不安になります。

ところがここに安心して寄付できるお得な制度があります。それが「ふるさと納税」です。ふるさと納税というのは地方自治体の振興策として平成20年に始まった制度ですが、年々利用する人が増えてきています。

「納税」と名前がついているので、これは税金を納めることだと思いがちなのですが、実態は寄付そのものです。自分の好きな自治体に寄付をすると思ってもらった方がわかりやすいと思います。

ふるさと納税のメリットは3つあります。

まず一つ目ですが、ふるさと納税というのは別に自分の出身地とかではなくても自分の好きな自治体をどこでも選べます。したがって震災などで大きな被害が出た地域の自治体などを応援することができるという精神的な満足感を得ることができます。

そして二つ目は寄付を受けた自治体からそのお礼として地域の特産品などを中心とした品物がプレゼントされるということです。

調べてみると地域特産の肉や魚、米とか果物といったものに加えて、宿泊券や旅行券といったものまであります。これらは本来、付随的なもののはずなのですが、株式投資において株主優待を狙って投資をすることが人気のように、ふるさと納税においてもこういう品物のプレゼントが最大の人気の秘密といえるかもしれません。

三つ目のメリットは、税金が安くなることです。ふるさと納税においても寄付金控除が

適用されますので、通常の寄付同様、いやそれ以上に税のメリットは大きいと言っていいでしょう。原則として寄付をした金額のうち、2000円を超える部分については、税金が安くなります。

つまり3万円をふるさと納税しても自己負担は2000円だけで超える2万8000円については税金が安くなるのです。もちろん所得金額によって上限が定められていますので無制限にできるわけではありませんが、これはかなり税金の面ではお得な制度になっていることは間違いありません。

ふるさと納税については解説本がたくさんありますが、それらの多くは特産品の魅力だけについて書かれたものが多いようです。そんな中でファイナンシャル・プランナーの前野彩さんが書かれた『家計のプロ直伝！ ふるさと納税新活用術』（マキノ出版）は本来の意義や利用法などがきちんと書かれた良い本だと思います。

## とは言え、ふるさと納税には問題点もある

この制度は地方自治体を活性化するということで始まったものです。仮に東京都に住むあなたが、福岡市にふるさと納税をすれば、その分あなたの住民税は安くなるわけですが、それは本来あなたが住んでいる東京都に納める予定だったものが福岡市へ回るということです。

つまり地域間での税の取り合いになりがちな一面を持っているということです。そこで、自治体間の競争が激しくなり、前述のお礼の品物がエスカレートし、人気も偏りがちなために特定の自治体に人気が集中してしまうという弊害も起きています。

さらに平成27年度から一定の条件のもとで、確定申告しなくてもよくなりました。一見便利になったように思えますが、ふるさと納税の大きなメリットは税のしくみを知ることでもありますので、利便性だけで申告不要にしてしまうと、単なる特産品プレゼントによる税の獲得合戦になりかねません。

自分で納税先を選べるというのは良い制度だと思いますが、あくまでも税のしくみを学びながら、こうしたおまけをもらうことを楽しむという程度で考えた方が良さそうです。

THEMA 4

# 払ったお金を取り戻そう

## 税金はわかるけど、社会保険って何？

前節では、寄付を通じて税金の使い途を指定する方法があることを学びました。

ただし、自分が納めるすべての税金についてその使い方を指示することはできません。税金の多くは公共のサービスに使われているからです。

みんなが安心して生活していけるように、社会のさまざまなところで働いている人たちやサービスを提供するしくみを支えるのが税金ですから、これは当然です。言わば税金というのは**社会的コスト**であり、私たちが社会に参加するための参加費と言い換えてもいいと思います。

　ところが私たちが負担している参加費は何も税金だけではありません。もう一つ大切な社会的コストがあります。それが社会保険です。社会保険というのは一体何でしょう？　ここでみなさんが毎月貰っている給与明細を取り出してみてください。恐らく**図9**にあるような項目が給料から天引きされているはずです。

　あなたがフィットネスクラブの会員になったとします。その場合の年会費が税金です。年会費はマシンの購入、維持費やインストラクターの給料、施設全体の光熱費等、施設自体を運営していく費用に充てられます。

　これに対して、ロッカー使用料とか、トレーニング終了後のマッサージなどは会費には含まれず、別料金という場合があります。これらが社会保険にあたります。税金が使い途を限定せずに幅広くさまざまな用途で使われるのに対して社会保険というのは目的を限定して使われます。

　たとえば厚生年金保険料は、65歳以上の人が国からもらう年金の原資となります。健康保険料は病気になった場合の治療費、雇用保険は失業した時の一時的な生活費、介護保険

図09　社会保険料の名目

| 健康保険料 | 介護保険料 | 厚生年金保険料 | 雇用保険料 |
|---|---|---|---|
| 15 092円 | 2 744円 | 34 077円 | 4 614円 |
| 所得税 | 住民税 | | 差引支給額 |
| 53 776円 | 45 684円 | | 378 984円 |

は年を取って介護が必要になった場合の費用、といった具合にそれぞれ目的がはっきりしているのです。

税金の場合は、どう使うかは予算として国会で議論され、どこに重点的に配分するかを考えたり、決めたりしますので、場合によっては削られたりなくなったりすることはしょっちゅうです。当然税金収入自体も景気の良し悪しで変わってきます。

ところが、年金や病気の治療費などは本来景気の良し悪しにあまり影響を受けてはいけない性格のものです。そこでこれらの公共サービスについては税金が財源となる一般会計とは別会計にして運営されているのです。

## もらい忘れて損をしないために

これらの社会保険料は「目的が限定」されているだけに、徴収と給付という観点から見れば非常にわかりやすく、スッキリしています。ところが一つだけ難点があるのです。それはこうした社会保険の制度を利用するためには、「利用したい」という申請を自分で出さなければサービスを受けられないということです。

病気になったかどうか、失業したかどうかは本人しかわからないのですから、自分で申請するというのが原則だというのは当たり前です。年金の場合は65歳になったら自動的に支給すればいいじゃないかと思われるかもしれませんが、保険料を払い込んだ期間によって支給額が違ってきますし、65歳以上でもその人が働いていて一定以上の収入があると、支給されなかったり、減額されたりしますので、やはり申請して「裁定（年金を貰う資格があるかどうか、あるとすればいくらぐらいか）」を受けるという手続きを踏む必要があります。

このように自分で申請しないとサービスを受けたり、お金の支給を受けたりすることができないということになると、一体どういう問題が起こる可能性があるでしょうか。それは「本来もらえるはずの給付金が、自分が知らないためにもらえなくなる」ということです。典型的な例を一つあげて考えてみます。

## こんな制度があるのを知らなかった！

それは健康保険における**高額療養費制度**《こうがくりょうようひせいど》と言われるものです。社会保険は自分で申請することが大原則だと言いましたが、健康保険の場合は、保険証を見せれば窓口での自己負担は治療費の3割ですから、申請不要に見えるかもしれません。

ところが、実は健康保険も申請するのを忘れると、もらえるべきものがもらえない、しかも結構大きな金額なので損をするというケースがあるのです。この制度は「病院や薬局などの窓口で1カ月の間に支払った金額が一定金額を超えた場合、その超えた金額を支給する」という制度です。

言葉だけだとイメージがわかりにくいので実際の金額で見てみましょう。

高額療養費制度は年齢や所得によって自己負担額の上限が異なりますが、仮に年齢は70歳未満で年収が370〜770万円の人が病気の治療を受けてその月の治療費に100万円かかったとします。その場合の自己負担額は8万7430円です。

これはかなりお得な制度ですが、この制度の存在を知らずに民間の医療保険に入って毎月かなりの保険料を負担している人が少なからずいます。医療保険に入っていないと無保険状態だと心配する人もいますが、民間保険会社の医療保険というのは原則、入院差額ベッド料等のように公的保険で支給されないものをカバーするのが目的ですから、絶対入らなければならないというものではありません。**私たちは一人残らず、公的な医療保険制度に加入しているのですから、あわてて民間医療保険に入る必要は全くありません。**

このように知っているのと知らないのとでは大違いという制度はまだほかにもあります。紙面の関係でここでは代表的な制度である「高額療養費制度」を紹介しましたが、他にもどんな制度があるのかを知りたいという方は社会保険労務士の井戸美枝さんが書かれた『知らないと損をする　国からもらえるお金の本』（角川SSC新書）をお読みになれば、他にも文字通り「国からもらえる」お金の数々が紹介されています。

「制度」を知っておくことで納めたお金を取り戻すことができます。経済を考える上で損をしないためにはとても大切なことだということを理解しておいてください。

## 年金保険料は払わない人が必ず損をするしくみ

テレビ番組などでは、年代別に若い人は払った額よりも受け取る額が少ないということが大きく取り上げられたりしています。それは果たして正しいのでしょうか。

実はこれにはマジックがあります。厚生年金を例にとると、保険料のうち、個人が負担しているのは半分で、残りは勤務先の会社が負担しています。また基礎年金部分については国が二分の一を負担しています。以前は三分の一だったのですが、現役世代の負担を下げるということを目的に国の負担を増やしたのです。

そこで一つ重大な問題が出てきます。サラリーマンの場合、保険料は給料から天引きで強制的に徴収されていますから良いのですが、自営業や無職の人の場合は自分で保険料を払い込まないといけません。そこで「払っても無駄だ」といって払い込まなかったら一体どういうことになるのでしょう。

結論から言うと年金はもらえません。年金というのは一定期間払い続けないと支給されないしくみになっています。さらにもう一歩進んで考えてみてください。自営業の場合、基礎年金しかありませんが、その保険料の半分は国が負担しています。国と言っても元は自分が払った税金です。したがって、年金保険料を払わないで、年金が受け取れない人は、自分が払った税金の中からまかなわれる国の負担分も放棄するということになります。

LESSON5

THEMA 5

# 国の財政が破たんするってホント？

## 日本はギリシャ以上にひどい!?

年金に対する評判が悪いのと同じくらい、国の財政についてもあまり信頼されていないようです。

「日本の財政は危機的状況である」、「国民一人当たり830万円の借金がある」、さらに「日本はギリシャ以上にひどい」といった発言もよく見かけます。

それだけならまだ良いのですが、このように〝日本の財政が破たんする〟、あるいは〝国債が債務不履行に陥ってしまう〟から、自分の財産を守るために投資しなさいというセリフもよく目にします。やれ株式投資だ、やれ金やプラチナを持つべきだ、といったぐあいに実に親切なご提案をしてくれる人も多いようです。

株式投資や金投資はちっとも悪いことではありませんし、資産を適切に分散しておくことは重要です。ただ、年金の時と同じように今にも国が破産するかのように煽り立てて金融商品の購入へ誘導しようという意図が見え隠れするのは好ましいこととは言えません。

確かに国の財政はあまり良い状態であるとは言えませんが、もう少し冷静に考えてみる必要があるのではないかと思います。

ここではそのあたりのことを考えてみます。

## 国民は金を借りているのか、それとも貸しているのか

政府の借金は一体どれぐらいあるのか。これは**「国債発行残高」**を見ればわかります。国の支出が収入（税金）を上回っていれば国債を発行して借金するしかないからです。２０１５年3月時点での残高で、金額は１０３８兆円です。

日本のＧＤＰが約５００兆円ですから、その倍以上の金額になります。個人の家で言えば年収の倍以上の借金があるということです。国債残高の対ＧＤＰ比が２００％を超えているのです。これがギリシャの場合だと、その比率は１３０％ぐらいです。これだけ見るとたしかに凄い数字ですから、〝ギリシャ以上にひどい〟というのもわかりますし、今にも日本という国家が倒産するのではないかと思ってしまいます。

この借金を日本の人口約1億2千万人で割れば一人当たりの借金は830万円と言いたくなる気持ちもわかります。でもよく考えてください。この借金は、日本の国の借金ではないのです。正確に言うと日本の政府の借金です。

では政府は一体誰からこの1000兆円を超すお金を借りているのでしょうか。それを示しているのが**図10**です。

金融仲介機関、これは銀行や保険、民間の企業年金基金などですが、これが555兆円ですから半分強です。次に多いのが中央銀行、すなわち日銀です。これは大胆な量的緩和によって保有額がかなり増加してきています。この二つで85％ぐらい保有しています。

あとは海外が98兆円、政府や企業年金が80兆円といったところが主な保有先です。

つまり圧倒的に国債を持っているのは金融機関なのです。では金融機関というのは誰からお金を預かっているのかと言えば、個人です。

ちなみに日銀の「資金循環統計」というデータによれば個人の金融資産は、2015年の3月末で1708兆円となっています。これが個人の持っているお金なのです。この内約

**図10　政府の借入先**

| | | | 兆円（%） |
|---|---|---|---|
| 金融仲介機関 | | 555 | (53.5) |
| | 中小企業金融機関等 | 138 | (13.3) |
| | 保険 | 199 | (19.2) |
| | 国内銀行 | 115 | (11.1) |
| | 年金基金 | 34 | (3.3) |
| 政府・公的金融機関 | | 80 | (7.7) |
| | 内　公的年金 | 56 | (5.4) |
| 中央銀行 | | 275 | (26.5) |
| 海外 | | 98 | (9.4) |
| 家計 | | 17 | (1.6) |
| その他 | | 14 | (1.4) |
| 合計 | | 1038 | (100.0) |

出所：日本銀行「資金循環統計」（2015年3月末）

半分の883兆円が現・預金です。つまり銀行が持っている555兆円の国債残高の大半は恐らく我々個人のお金です。

だとすると国民一人当たり830万円の借金というのはちょっとおかしいでしょう。我々は誰も借金していません。

借金をしているのは政府であって、しかもその政府にお金を貸しているのは我々なので、借金ではなくて国民一人当たり○万円の貸金があると言った方が正確です。

## 日本は外国からそれほどお金を借りているわけではない

また、誰が国債を持っているのかを細かく見ると、海外が98兆円となっています。つまり外国の政府や企業、個人が日本の国債を持っているのです。その割合は国債残高全体の9・4%です。一方、国債残高というのは政府の借金ですが、日本の国全体が海外から借りているお金は2014年末で578兆円あります。

しかしながら日本の国全体が海外に貸しているお金の合計は945兆円ありますので、差し引きすれば、367兆円の貸越しになっています。

これを対外純資産残高と言いますが、日本の対外純資産残高は24年連続で第一位です。ちなみに第二位は中国で214兆円、三位がドイツで154兆円ですから日本が他の国に貸しているお金はかなり多いと言えます。

ギリシャやかつてのアルゼンチンのような国の場合は、海外が保有している国債が多かったのです。そういうところから一度に「金を返せ！」と言われたらそれは確かに大変なことになるでしょう。でも日本の場合は国債という形で海外から借りているお金は1割に満たないのです。

わかりやすく言えば、**お父さんはお金を借りているけど、ほとんどはお母さんや子供といった家族から借りているという状態で、よそから借りているお金は1割もありません。**したがって、日本の政府の財政が今すぐ破たんするということは考えにくいと思います。

## それでも財政は健全にしなければいけない

しかし、誰から借りていようがやはり借金は返さなければなりません。ましてや国民という家族から借りているのですが「お父さんはあまり信用がないのでひょっとしたら返してくれないんじゃないか」、と疑心暗鬼になると、家族の絆もバラバラになりかねません。

当然、政府は財政を健全化する計画を立てています。政府の収入と支出の中から国債による借入と国債の元利金返済金額を引いたものをプライマリーバランス（基礎的財政収支）と言います。

用語解説

**プライマリーバランス**

国の財政収支の中から国債による借入収入と国債の利払いや償還などの支払いを引いた差額のこと。これが均衡していれば、借金に頼らない行政サービスがおこなわれている

これを２０２０年度までにプラスに持って行くというのが政府の方針ですし、中間目標として２０１８年までに赤字幅をＧＤＰ比で１％にするということも打ち出されました。

これが計画通りに行くかどうかはわかりませんが、重要なことは経済の成長がなければ税収が増えることもなく、財政赤字は縮小しないだろうということです。したがって、何よりも経済成長を促すような政策が求められるところだと思います。

EPILOGUE

# あなたが人生で損をしないためのポイント

EPILOGUE

THEMA

1

損をしないためのポイント

# タダ飯はありえない トレードオフを考える

経済学を考える上でいろいろな原理原則が登場しましたが、中でも我々が生活していく上で知っておくべきことがいくつかあります。

その一つが**「ノーフリーランチ」**、つまり世の中でタダ飯を食べさせてくれることはありえないということです。

この言葉にはいろんな意味が含まれているのですが、簡単に言えば「世の中にうまい話はない」ということです。何かを得るためには何かを捨てるか、我慢しなければならないというのが経済の大原則です。お金という対価を出さずにレストランで食事をすることができないように、世の中にフリーランチはないということは真実です。

用語解説

**フリーランチ**
タダ飯。経済の原則はノーフリーランチ、つまり、タダ飯はありえない

## ということで、世の中にうまい話は存在しないということ

もちろん家族や友人であればごちそうしてくれることはあるでしょうが、ビジネスにおいては何かのお礼や思惑があってということならいざ知らず、何も理由がないのにごちそうしてくれることはありえません。何かを得るためには何かを支払ったり使ったりしなければならない、というトレードオフの関係を理解しておくことが重要なのです。

また投資という行為を考えてみましょう。投資には必ずリスクがあります。リスクとリターン（儲け）はトレードオフの関係になっているということは前にもお話ししましたが、一定以上のリターンを得ようと思うと必ずリスクを避けることはできません。これもいわばノーフリーランチの原則です。

見ず知らずの人から「ごちそうしてあげましょう」と言われたら誰でも警戒するはずですが、同じことが投資の世界になると、「あなたに特別な情報を提供しましょう」とか「有利な商品を特別に持って来ました」と言われると、ついその気になってしまうというケースがよくあるのです。

ノーフリーランチ＝世の中にうまい話はない、というのはごくあたりまえの経済感覚として当然持っておくべきことだといえるでしょう。

THEMA

# 2

損をしないためのポイント

# 将来のことは不確実 ヒューリスティックに惑わされない

「将来のことは不確実で誰もわからない」、これはあたりまえのことです。こんなことは別に経済の原則だ、などと大袈裟に言わなくてもあたりまえ過ぎることだと誰もが思います。

ところが必ずしもそうではないのです。将来が予想できるという誤信に陥ってしまうことはよくあります。

この理由はなぜかというと、多くの人は過去に自分が見聞きしたり、体験したりしたことに基づいて判断するからです。

これは行動経済学で**「ヒューリスティック」**といわれる現象で、論理的に判断するのではなく直感で判断しがちな思考に陥ってしまうことを指します。

もちろん、ものごとを判断する時にすべて自分の体験や直感で決めるわけではありません。たとえば会社で何か大きなプロジェクトを計画する時にはかなり慎重に検討されます。単に過去の実績や経験だけではなく、ビジネス環境の変化や景気の見通し、予算の大小や金利等の費用も検討項目に入ってきます。

なぜなら、そのプロジェクトが成功するかどうかは誰もわからないからです。だからより成功の確率を高めるために事前に十分な調査や検討がおこなわれます。

それでも結果がうまくいくかどうかはわかりません。悪い結果になってしまった時は「やはり将来予測というのは難しいものだ」ということは誰もが感じることでしょう。これは企業が何かプロジェクトをおこなう場合、普通はその費用がかなり大きなものになるから慎重にならざるを得ないですし、結果の不確実性についても十分認識しています。

ところがあまり大きな問題ではなく、自分の身近なことで決断をするようなことがらについては、あまり深く考えずに直感や経験則から自信満々に決めることが多くなります。

たとえば、自動車で出かける時には今までの経験から渋滞を避けたルートを選んで行こうと考えます。ところがその日に限っていつも通るルートのそばにあるグラウンドで大きなイベントがあって車が大渋滞に巻き込まれてしまうといったことがありがちです。

ルートを間違えて渋滞に遭うぐらいなら、たいした影響はありませんが、身近な自分のお金のことで直感や思い込みで判断してしまい、先のことがあたかも確実に予測できるかのように思うのは大変危険なことです。

常に「将来のことは誰も予測不可能である」という前提でなにごとも慎重に考えることが正しい経済感覚だろうと思います。

THEMA 3

損をしないためのポイント

# お客様は神様じゃない 双方からの思考

三つ目に大切なことは、常に双方からものごとを考えることの重要性です。世の中のありとあらゆる商取引は売り手と買い手があって成り立っています。言うまでもなく、売り手はできるだけ安く作って高く売り、利益を大きくしたいですし、買い手はできるだけ安く買いたいのは当然です（**プロローグ-1**、12ページ）。

つまり、売り手と買い手は対等の立場で商取引をおこなっているのです。お店で売り手がていねいな応対をしてお客さんを持ちあげてくれるのは、買い手の気分を良くして、買いたい気持ちを起こさせるからであって、取引自体は対等であるのは当たり前です。

ところがこの単純な原理をわかっていない〝経済感覚の乏しい人〟が世の中にはたくさんいます。たとえば「無料サービス」です。何かを無償で提供してくれるというのであれば、彼らは一体何で儲けているのだろう？　と考えるのが経済感覚です。「あら、無料なの！　嬉しい」とばかり思っていたのでは、売り手の術中にはまってしまいかねません。

無料であることを撒き餌として、もっと大きな収益を考えているに違いないからです。

　バーゲンセールも同様です。バーゲンというのは業者が損をして客が得をすると思っている人がいるとしたら、それは大きな間違いです。そもそも商売というものは損をしてまですることは絶対にありません。プロ野球のチームが優勝すると関連する企業が優勝記念セールをやりますが、仮に最後まで競っていて優勝できなかった時でも「ご声援感謝セール」とかなんとかの名目でバーゲンセールをやります。これは明らかにバーゲンが儲かるからなのです。

　これは売り手の立場になって考えてみるということがとても大切なのです。売り手は当然、買い手の立場になって、その気持ちを考えて販売活動をしてきています。それがマーケティングというものです。だとすれば、買い手であるあなたも売り手の立場になって彼らの戦略を理解することは重要です。**商売において「相手の立場に立って考える」ということは、相手の弱みを突くということを意味します。つまり相手に対してどう言ったり、行動したりすれば、自分に有利に動いてくれるのか、を考えるということ**です。

　商売というのは常にこういう具合に売り手と買い手が対等に交渉していくものです。外国では先進国でも発展途上国でも多かれ少なかれこの感覚は常識と言っていいのですが、日本ではなぜか売り手の方が明らかに一枚上手です。「お客様は神様です」などといって買い手側を思考停止に陥れようとします。お客様は神様でも王様でもありません。**商売ではおだてられて乗ってしまった方が負け**なのですから。

THEMA

# 4

損をしないためのポイント

# 他の可能性を考える 機会費用

経済学で最も重要な概念の一つが「機会費用」だということはお話ししました（**プロローグ-3**、23ページ）。

何かをする時に、もしそれをせずに他のことをやったらどれぐらいの価値があるか（儲けがあるか）ということを考えるという概念です。

経済学というのは世の中の全てのものは有限なので、同じ使うならどうすれば最も合理的で効果的かを考えるという学問です。したがって、複数の可能性を考えることでそれらを比較することが重要なのです。

たとえば、旅行に行く時は、その旅行自体にかかる費用だけではなく、旅行に行っている間にもし働いていたら得られたであろう収入も考え、それらの収入を捨てたとしても旅行に行くメリットの方が大きいと思った場合に行くといったようなことです。

実際はサラリーマンの人であれば有給休暇を使えば失う収入というのはありませんが、自営業の場合などでは極めて重要なことです。

サラリーマンであっても、仮に旅行に行かずにボランティアをしたり、家で読書をしたりした場合と比較してどれぐらいの満足度を得られるかは冷静に考えるべきです。つまり、ものごとを判断する時に常に他の手段や方法、可能性を考えておくということが経済感覚を磨くことになります。

そうしたからと言って、常にベストな選択ができるとは限りませんが、少なくとも一つの方法や手段しか考えなかった場合に比べればより良い結果は期待できそうです。

THEMA 5

## 損をしないためのポイント
# 価格と価値を見誤らない
## 大切な〝自分の基準〟

世の中で売られている品物や提供されているサービスには全て値段がついています。値段すなわち価格ですが、しばしばこの価格とその品物やサービスの価値が一致しないことがあります。

ただ、ここで言う価値というのは単に製造コストのことを言っているのではありません。商売というものは売り手からすれば、できるだけ安いコストで作ったものをできるだけ高い販売価格で売ることで儲けが出ます。

買い手からすればその販売価格で十分買う価値があると判断すれば買うわけですし、そうでなければ買わないだけなので価格は適正なところに落ち着くはずです。

ところが実際には、それほど価値はなくても高い値段がついて売れている商品やサービスがあります。有名ブランドのバッグなどがその典型です。材料自体はビニールみたいなものでも単にブランドのマークが付いているだけでビックリするような値段がついていたりすることがあります。

これは一般的に言えば明らかに価値と価格の開きがあり過ぎるように思えますが、「ブランド」という価値があると考えれば決して高いとは言い切れないかもしれません。仮にそのバッグがフランスの職人が作ったものではなく、ミャンマーやマレーシアの工場で作られていたとしても、です。

ブランドの価値というものは人によってさまざまです。私ならそんなものに高いお金を出さないと思っても、あなたは欲しいかもしれません。あなたにとって価値があるのであればそれは何の問題もありません。

**問題なのは誰にとってもそれほど価値がないものを巧みなマーケティング手法で価値があるように見せて価格が高くなっているような場合です。**

本来は2万9900円のスーツなのに、元の価格をかなり高い5万9800円と設定し、実際に販売する時には価格を大きく下げて表示することで安くなったように見せかけるといったことはよくおこなわれているのではないかと思います。

大切なことは、自分なりの基準を持って常に自分が買おうとしている品物やサービスの価格が自分にとって価値に見合ったものかどうかということを見極めることだと言えるでしょう。自分なりの基準ということがとても重要なことです。

# おわりに

この本では「経済とおかね」の超基本となることがらをお話ししてきました。最後に、この本を読んだことでみなさんにこれだけは必ず身に付けておいてもらいたいということが二つだけあります。それは、

**1. 先のことは誰もわからない**
**2. 世の中にうまい話はない**

ということです。「はじめに」でこの本を読んだ後に感じるであろう〝ある感覚〟と言ったのがまさにこれです。

これは「経済とおかね」の知識の中でも最も大切なものです。世の中でお金にまつわる詐欺事件に遭う人の多くはこの二つをちゃんと理解していないことが原因と言っていいでしょう。

これからの社会は雇用にしても年金にしても国や会社に任せていれば安心ということではなく、「自立」と「自己責任」が求められる時代です。何ごとも人まかせではなく、自分で考えて行動しなければなりません。

そんな時代の変化に取り残されたり、損をしたりすることがないようにするために、経済やお金の基礎知識を得ることは欠かすことができないのです。

難しい言葉や理屈は知らなくても、この本を読んだことでこの二つのことがらを心底理解していれば、恐らくあなたは人生において大きな損をすることはないということを最後に申し上げて筆を置きたいと思います。

本書の執筆にあたっては編集を担当していただいた東洋経済新報社出版局の宮﨑奈津子さんに全体の構成から細部の表現にいたるまで多くのアドバイスをいただきました。この場を借りてお礼を申し上げます。また素朴な目線で原稿へのアイデアをくれた妻、加代にも感謝したいと思います。

## 索引

### 「経済とおかね」の重要ワード

【著者紹介】

**大江英樹**（おおえ　ひでき）

経済コラムニスト。

大手証券会社で長年個人の資産運用相談を担当し、接したお客様は3万人以上。さらに確定拠出年金制度に加入する人たちへの「経済や投資の基本テキスト」などのコンテンツを制作、累計40万人以上に「経済とおかね」に関する授業を開催してきた。

現在は、「サラリーマンが退職後、幸せな生活を送れるよう支援する」という信念のもと、経済やおかねの知識を伝える活動をおこなっている。年間100回を超える講演やテレビ出演、雑誌や新聞などへの執筆活動では、その語り口とわかりやすさに定評がある。CFP、日本証券アナリスト協会検定会員。

主な著書に、『投資賢者の心理学』（日本経済新聞出版社）、『生命保険の嘘』（共著、小学館）など。

知らないと損する
経済とおかねの超基本1年生

2015年11月12日　第1刷発行
2017年 3 月15日　第7刷発行

著　者――大江英樹
発行者――山縣裕一郎
発行所――東洋経済新報社
〒103-8345　東京都中央区日本橋本石町 1-2-1
電話＝東洋経済コールセンター　03(5605)7021
http://toyokeizai.net/

装　丁……………………渡邊民人（TYPE FACE）
本文デザイン・ＤＴＰ……高橋明香（おかっぱ製作所）
カバー・本文イラスト……どいせな
印刷・製本………………丸井工文社
編集担当…………………宮崎奈津子
©2015 Oe Hideki　Printed in Japan　ISBN 978-4-492-31465-4

本書のコピー、スキャン、デジタル化等の無断複製は、著作権法上での例外である私的利用を除き禁じられています。本書を代行業者等の第三者に依頼してコピー、スキャンやデジタル化することは、たとえ個人や家庭内での利用であっても一切認められておりません。

落丁・乱丁本はお取替えいたします。